人工智能与变革管理系列丛书
大学与城市：高等教育服务篇

丛书主编：齐佳音

EMERGING UNIVERSITIES IN THE WORLD
CHARACTERISTICS AND EXPERIENCES

# 世界新兴大学

## 特征与经验

宋彩萍 朱炎军 著



经济管理出版社
ECONOMY & MANAGEMENT PUBLISHING HOUSE

**图书在版编目（CIP）数据**

世界新兴大学：特征与经验/宋彩萍，朱炎军著. —北京：经济管理出版社，2019.1
ISBN 978-7-5096-6213-7

Ⅰ. ①世…　Ⅱ. ①宋…　②朱…　Ⅲ. ①高等学校—研究—世界　Ⅳ. ①G649.1

中国版本图书馆 CIP 数据核字（2018）第 280021 号

策划编辑：王格格
责任编辑：王格格
责任印制：黄章平
责任校对：赵天宇

出版发行：经济管理出版社
（北京市海淀区北蜂窝 8 号中雅大厦 A 座 11 层　100038）
网　址：www. E-mp. com. cn
电　话：（010）51915602
印　刷：北京晨旭印刷厂
经　销：新华书店
开　本：720mm × 1000mm/16
印　张：12.25
字　数：193 千字
版　次：2019 年 2 月第 1 版　　2019 年 2 月第 1 次印刷
书　号：ISBN 978-7-5096-6213-7
定　价：68.00 元

# 总序：四个为什么及再一次社会实验

为什么要出版一套研究高等教育改革的丛书？我职业生涯的两个不同阶段塑造了两段特色鲜明的职业道路。2016年之前，我在北京邮电大学工作；2016年之后，我来到上海对外经贸大学。两所大学，工作环境和工作性质差异明显。北京邮电大学是国家“985优势学科创新平台”项目重点建设高校，是一所以信息科技为特色、工学门类为主体、工管文理协调发展的研究型大学，因此，对于教师而言，研究工作是其工作中非常重要的一部分。上海对外经贸大学是一所定位于高水平、国际化、特色鲜明的应用研究型财经类高校。上海对外经贸大学在本科教育方面有长期积淀和优势，重视本科教学是这所大学的显著特色。在北京邮电大学，按照研究型大学的学校定位，我将更多的精力投身到科研工作中。在上海对外经贸大学，适应学校对于本科教育的持续改进，我逐渐将精力用于对高等教育，特别是数字新经济下，商科高等教育的转型思考中。当我的前任单位——北京邮电大学正在如火如荼地推进双一流学科建设的时候，我的现任单位——上海对外经贸大学也不失时机地推动一流本科的建设。无论是北京邮电大学，还是上海对外经贸大学，我都由衷地感谢她们，前者让我更多地履行科研工作者的责任，后者让我充分地承担教育工作者的使命！这套丛书是我作为教育工作者交出的第一份对于高等教育的思考，为此，我既郑重其事，又诚惶诚恐！

为什么是“人工智能与变革管理”系列丛书？2017年12月9日，国内第一家从经济管理视角来研究人工智能对社会经济管理影响的专业机构——上海对外经贸大学人工智能与变革管理研究院——成立。人工智能与变革管理研究院致力于探索人工智能所引发的社会发展效应（就业影响效应、法律影响效应、伦理道德风险等）、产业演化效应（技术影响效应、产业生态效应、产业发展战略等）、组织变革效应（生产方式变革效应、人力资源管理变革效应、组织形态演化效应等）等经济管理问题，通过状态趋势跟踪、模拟环境搭建、分析模型推演、大数据驱动建模等方式，提供案例/数据/模型/实证/智库等系统支撑我国以及上海市的人工智能战略。与此同时，研究院将积极尝试人工智能时代的商科卓越人才培养。2018 年是人工智能与变革管理研究院运行的第一年，我们在学术研究、产业合作、社会服务等几个重要方面都有认真的计划和行动。在学术研究领域，2018 年以研究院开放课题为牵引，我们重点聚焦在人工智能与区块链的场景应用案例研究方面，希望通过深入产业案例中，提炼出变革管理的学术问题与研究定位。在产业合作领域，2018 年 6 月 28 日，在第十三届（2018）开源中国开源世界高峰论坛上，中国开源工业 PaaS 分会在北京正式揭牌。中国开源软件推进联盟名誉主席陆首群、浪潮集团有限公司执行总裁 Kevin Huang 为分会揭牌，研究院张国锋副院长作为协会秘书长参与并见证了揭牌仪式。依托中国开源工业 PaaS 分会秘书处落地研究院这一优势，研究院将重点开展在工业互联网领域的产业合作。在社会服务领域，智库专报、产业报告以及著作出版等都是 2018 年研究院重点推进的工作。智库专报方面，2018 年上半年，我们已经为《光明日报》内参、全国两会、中办、上海市市办、上海市宣传部等机构提供了数份专家建议；产业报告方面，我们的《重新定义学习》白皮书已经实现每季度发布一期；学术著作出版方面，陈晓静教授的学术专著《区块链：金融应用及风险监管》已经于 2018 年 6 月 30 日正式出版。探讨人工智能时代的高等教育改革，特别是商科教育改革的著作计划在 2017 年底就已经与出版社签署了合同。这次呈现给读者的一套（两本）丛书就是研究院 2018 年在人工智能与教育变革方面的研究成果。

为什么是“大学与城市”专题？上海对外经贸大学高等教育研究所所长宋彩萍教授是研究高等教育的资深专家。我和她有时在学校餐厅吃午饭的时候，经常就各自的专业领域聊一聊。在这个过程中，我知道了“大学与城市”是高等教育研究中一个非常受重视的研究领域，也了解到宋教授的研究所一直依托松江大学城、上海科创中心建设等上海特色的大学与城市问题，进行了持续和深入的研究与实践。每当她说起自己的研究领域时，都是兴高采烈、慷慨激昂。宋教授的这种热情深深地感染了我，我随后也做了一些案头资料的查阅工作，大学与城市作为人类文明发展中的两颗双子星，大学涵养了城市的文化与灵魂，不同的城市塑造了各具特色的大学。想想我所在的这座城市——上海，根据 2017 年底发布的《上海市城市总体规划（2017~2035 年）》，上海的城市性质被确定为：上海是我国的直辖市之一，是长江三角洲世界级城市群的核心城市，是国际经济、金融、贸易、航运、科技创新中心和文化大都市，是国家历史文化名城，并将建设成为卓越的全球城市、具有世界影响力的社会主义现代化国际大都市。这个宏伟的目标多么令人激动，但是最近几年来，上海在“互联网+”等创新领域的表现，引发了众多争议！服务于上海的城市性质定位，上海的大学应该如何定位和发展才能真正服务于未来的上海？

为什么是“高等教育服务篇”？我们的“大学与城市”专题，实际包括“基础教育服务篇”和“高等教育服务篇”两个系列。基础教育服务篇一套五本，包括《生活中的金融》《生活中的法律》《生活中的管理》《生活中的投资》和《生活中的互联网》。“人工智能与变革管理”系列丛书——大学与城市专题——基础教育服务篇，试图在人工智能所带来的知识快速更新时代，迅速将大学的前沿知识，对接于基础教育阶段的人才培养，这是一次激动人心的社会实验：实验一种高等教育主动服务于基础教育的可行方式，实验一种“专家看正确、中学生看能懂”的针对中学生的科普书籍，实验一种国家重大课题研究成果服务社会公众的新途径。目前这一套丛书已经交稿光明日报出版社，等待油印发行。高等教育服务篇是专门探讨数字新经济时代高等教育转型的一套丛书，包括两本：一本是宋彩萍教授、朱炎军博士主笔的《世界新兴大学：特征与经验》，聚焦新兴大学，从理论与典型案例两个方面，深入地探讨了新兴大学如何在时代与城市的互动中，找到最佳切入点，从而实现快速成长。另外一本《数字新经济时代商科新课程体系建设：探索与实践》则是上海对外经贸大学众多教育工作者共同完成的，对于商科本科教育改革的思考和尝试。相对而言，宋彩萍教授、朱炎军博士主笔的第一本书理论体系更为完整，成功案例分析素材也十分丰富；第二本群体创作的书，则是摸着石头过河，很多地方思考的深度还不够，一些见解还需要在实践中得以修正。不管如何，我们就是抛砖引玉，希望得到更多教育工作者的批评指正！

如果说我们的“人工智能与变革管理”系列丛书——大学与城市专题——基础教育服务篇是大学知识主动对接基础教育的一次社会实验，那么“人工智能与变革管理”系列丛书——大学与城市专题——高等教育服务篇则是大学主动适应数字新经济时代发展需要的自我革命实验。作为上海对外经贸大学工商管理学院的院长，从2016年开始，我就开始推动全院四个专业探索商科课程体系的转型与再造，我们在实践过程中也常常感到迷茫，有些尝试失败了，有些效果也不是短期就可以呈现。这个过程中有动摇过，也有停滞过，但是时代趋势不会因为我们动摇而动摇，也不会因为我们停滞而停滞，我们唯一可以仰仗的就是跟随时代潮流，适应时代变化，在变革中求发展！

在本套丛书的编写过程中，我们通过研讨会形式，邀请相关领域专家、学者、教育工作者等就书稿内容进行多次研讨，希望能为社会贡献出高质量的知识服务。但是，由于当下知识的发展更新非常快，创作组能力、精力等方面所限，虽然已经尽了全力，但书中一定还有诸多瑕疵。我们秉持开放的心态，等待着社会各界对我们的批评指正，并在未来进一步完善。

本套丛书研究受上海市教委本科重点教学改革项目“商科类院校新课程体系建设”资助，受上海对外经贸大学人工智能与变革管理研究院2018年开放课题“人工智能时代人才培养及教育重构路径研究”（IAICM2018003）资助，特此感谢！

齐佳音

2018年10月9日

# 序

大学是现代社会的催化剂，没有大学的发达与繁荣便难有社会的文明与繁荣。大学发达与繁荣主要表现在两个方面：一是大学数量多，能够满足人民群众接受高等教育的需要。换句话说，就是能够支持高等教育大众化和普及化发展，因为大学是高等教育机构，人民群众的高等教育需求主要由大学来满足。二是建成一批世界一流大学和高水平大学。在社会文明与繁荣的进程中，世界一流大学和高水平大学是不能缺位的。放眼世界发达国家，其社会的文明与繁荣无不得益于世界一流大学和高水平大学的杰出贡献。正因为如此，很多追求社会文明与繁荣的国家无不将建设世界一流大学和高水平大学列入国家优先战略，进行重点建设。正如美国著名比较高等教育学家阿特巴赫所说，“每个国家都想拥有世界一流大学，似乎没有它便难以前行”。

建设世界一流大学为世人所瞩目。在人类历史上，世界各国从来没有像现在这样重视世界一流大学建设。很多国家出台了建设世界一流大学的政策，给予部分大学大规模政府财政投资；很多大学将发展目标定位于世界一流大学，制定了自身的发展战略规划，着力打造世界一流大学。但实际上，对于什么是世界一流大学，见仁见智，在国际上并没有一致的认识。即便是各种排行榜公布了世界一流大学排名，也是指标各异、标准悬殊，莫衷一是。

抛开概念、学理、逻辑不谈，仅从普通民众的感性经验看，在国际高等教育流动中，为人们所钟情的地方应该是世界一流大学比较集中的地方，聚集全球一流学者和学生最多的大学可能就是世界一流大学。再从人才的国际流动看，世界一流大学为世界各国人才竞争最激烈的地方，也就是说，各国在引进人才的时候首选的国家及其大学可能就是世界一流大学。这样看问题可能过于简化了对世界一流大学的认识，但它却朴素地反映了人们对世界一流大学的感觉，也能说明世界一流大学为人们所重视的一些表现，比如，能够吸引一流学者和学生，培养一流的人才，等等。

尽管对世界一流大学的认识见仁见智，但相关研究工作还是必要且有益的。研究能使人们更多地从理性角度认识世界一流大学的特征，了解其建设发展过程，总结其成功的经验教训。学术界对世界一流大学进行了很多探讨，但大多是对一些老牌的世界一流大学的考察，包括对牛津大学、剑桥大学、哈佛大学、柏林大学等的深度探究。实际上，在世界一流大学大家庭中，还有一类后发大学，它们的办学历史往往较短，发展先天不足，但却后来居上，跻身世界一流大学行列，颇引人注目。我曾对这两类大学进行研究，总结出两种发展模式：一种是累积性发展模式；另一种是跨越式发展模式。后者便是后发大学成功的秘密所在。毫无疑问，对我国大学而言，前者虽令人敬仰，但后者更可以提供有益的借鉴。我国有着世界上规模最庞大的后发大学群体，在2600多所大学中，2000所以上的大学创办于21世纪。数量庞大的新兴大学的办学水平是我国高等教育发展的关键之所在，在新兴大学群体中建成一批世界一流大学和高水平大学是我国社会文明与繁荣的需要，是实现“中国梦”的基础工程。

上海对外经贸大学高教所有一个学术嗅觉敏锐、专注学术创新且团结共事的科研团队。他们一直致力于新兴大学研究，不但希望为自己所在大学提供政策咨询建议，而且希望担负起促进高等教育事业整体发展的责任。我一直关注着他们的研究，期待他们的研究成果早日面世。他们近期完成了研究，写出了《世界新兴大学：特征与经验》这部专著。我有幸先睹为快，既感受到了他们研究工作的艰辛不易，又体会到了他们的研究喜结硕果的快乐，还从文稿中分享了他们的智慧。这部书稿既有对新兴大学的学理阐述，多维度阐发了新兴大学的概念内蕴、历史发展和内在特征，又有对多所成功的新兴大学的深度考察和探微，包括对香港科技大学、韩国浦项科技大学、新加坡南洋理工大学和英国邓迪大学的深度解析，并在此基础上概括了新型大学的两大核心属性，即新兴大学是社会变革产物，新兴大学成功源于组织模式的变革。我相信这样的研究不仅能够引发读者的兴趣，而且能够启迪读者的思维，能够分享这一研究成果真是一大乐事。

我国新兴大学正致力于内涵式发展与办学，在建设世界一流大学和一流学科的伟大创举中，新兴大学不能缺位。本书的理论研究和案例研究都可能对我国新兴大学走上中兴之路有所助益，当然，若希望此书回答具体大学的建设与发展之道，尤其是期望从中找到立马可用的成功之路，是不切实际的。德国著名诗人歌德在《浮士德》中有一句名言："亲爱的朋友，一切理论是灰色的，唯生活之金树常青。"灰色的理论未必是完全不必要的，常青的生活之树可以从灰色的理论中汲取养分。

别敦荣

2018 年 10 月 9 日

# 目录


**第一章　导　言** ………………………………………… 001

第一节　研究背景 ………………………………………… 001

第二节　研究进展 ………………………………………… 012

第三节　研究内容与思路 ………………………………… 020

**第二章　新兴大学的基本理论** ………………………… 023

第一节　何谓新兴大学 …………………………………… 023

第二节　新兴大学发展的动力机制 ……………………… 028

第三节　新兴大学的理论基础 …………………………… 035

**第三章　新兴大学的形成与发展** ……………………… 047

第一节　新兴大学发展的外部环境 ……………………… 048

第二节　新兴大学发展的内部环境 ……………………… 054

第三节　世界新兴大学的发展历程 ……………………… 062

第四节　世界新兴大学的分布特征 ……………………… 071

**第四章 新兴大学的发展特征** …… 077

第一节 新兴大学的发展战略目标 …… 077
第二节 新兴大学的内部组织结构 …… 085
第三节 新兴大学的规模与结构 …… 092
第四节 新兴大学的国际化战略 …… 097
第五节 新兴大学的创新创业道路 …… 109

**第五章 新兴大学案例研究** …… 125

第一节 香港科技大学案例研究 …… 125
第二节 浦项科技大学案例研究 …… 135
第三节 南洋理工大学案例研究 …… 145
第四节 悉尼科技大学案例研究 …… 157
第五节 邓迪大学案例研究 …… 165

**第六章 总结与展望** …… 175

**后 记** …… 181

# 导 言 第一章

21 世纪初期是全球金融危机和高等教育转型同时发生的时期，高等教育的某些部门完全有可能发生根本改变。[①]

——菲利普·G.阿特巴赫[②]

## 第一节 研究背景

### 一、建设创新型国家对高等教育提出的新要求

1912 年，经济学家约瑟夫·熊彼特（Joseph Alois Schumpeter）系统地研究了技术进步促进经济增长的内生机制，提出“创新是现代经济增长的核心”这一论断，并被 20 世纪以来世界经济发展的现实经验所证实。21 世纪，一些国家把科技创新作为基本战略，大幅度提高科技创新能力，并形成日益强大的竞争优势，我们把这类主要依靠科技创新并形成核心竞争力的国家称为创新型国家。

---

① 菲利普·G. 阿特巴赫，贾米尔·萨米尔主编. 发展中国家和转型国家的大学案例研究［M］. 上海交通大学出版社，2011：9.

② 菲利普·G. 阿特巴赫（Philip G. Altbach）教授现任美国波士顿学院终身教授、波士顿学院国际高等教育中心主任、国际比较教育研究权威期刊《高等教育评论》主编。阿特巴赫教授是美国比较高等教育学家、比较高等教育专业研究开创人，在国际比较教育界享有较高的声誉。

创新型国家的核心价值在于创新。建设创新型国家，核心就是把增强自主创新能力作为科学技术发展的战略基点，推动科学技术的跨越式发展；把增强科技创新能力作为调整国家产业结构、转变经济增长方式的中心环节，促进国民经济又好又快地发展；把增强自主创新作为国家战略，贯穿到社会发展的方方面面，培养高水平创新人才，形成有利于自主创新的机制体制。创新型国家一般具备四个方面的特征：创新投入高，国家的研发投入占 GDP 的比重一般在 2%以上；科技进步贡献率在 70%以上；自主创新能力强，国家的对外技术依存度指标通常在 30%以下；创新产出高。按照这个标准，全球有瑞典、丹麦、芬兰、德国、以色列、日本、新加坡、美国等 30 个国家已经成为创新型国家。

建设创新型国家是我国应对新形势的重要国家战略。改革开放以来，由于我国经济发展水平总体较低，底子薄、基数小、增长空间大，人类社会已经创造的大量技术和经验可以引进借鉴，劳动力数量多且成本低，土地及其他自然资源成本偏低，生态环境约束也比较松等原因，促成了我国经济能长期保持近 10%的高速增长。[①] 但全球面临的新形势是：高投入、高消耗、高污染的发展道路已不可持续，人口红利正逐渐消失，刘易斯拐点在不同程度的现实存在[②]，国际分工的低成本要素比较优势禀赋正在改变，国际科技创新浪潮来临，国家经济技术安全在国际竞争中逐步凸显等。党的十九大报告中指出："我国经济已由高速增长阶段转向高质量发展阶段，正处在转变发展方式、优化经济结构、转换增长动力的攻关期，建设现代化经济体系是跨越关口的迫切要求和我国发展的战略目标。"所以说，中国比以往任何时候都需要通过科技创新解决发展中的问题，亟须通过科技创新推动经济发展的"质量变革、效率变革、动力变革"[③]。建设创新型国家是提升国际竞争力的重要战略举措。

建设创新型国家是我国长期以来发展战略的必然要求。1995 年 5 月 26 日，全国科学技术大会在北京人民大会堂举行，中共中央、国务院颁布《关于加速科

①③ 刘世锦. 推动经济发展质量变革、效率变革、动力变革. 观点源自《党的十九大报告辅导读本》[M]. 人民出版社，2017：182–185.

② 刘易斯拐点（The Lewis Turning Point），即劳动力过剩向短缺的转折点，是指在工业化进程中，随着农村富余劳动力向非农产业的逐步转移，农村富余劳动力逐渐减少，最终达到瓶颈状态，由第 11 届诺贝尔经济学奖获得者、发展经济学的领军人物、经济学家威廉·阿瑟·刘易斯（W. Arthur Lewis）在题为《劳动无限供给条件下的经济发展》一文中提出。

学技术进步的决定》，首次正式提出实施科教兴国战略，引起了国人乃至世界的广泛关注。在 2006 年 1 月 18 日召开的 21 世纪第一次全国科学技术大会上，我国正式提出“以增强自主创新能力为主线，建设创新型国家为目标”的创新战略，颁布《国家中长期科学和技术发展规划纲要（2006~2020）》（以下简称《科技纲要》），提出科学技术发展的总体目标是“自主创新能力显著增强，科技促进经济社会发展和保障国家安全的能力显著增强，为全面建设小康社会提供强有力的支撑；基础科学和前沿技术研究综合实力显著增强，取得一批在世界具有重大影响的科学技术成果，进入创新型国家行列，为 21 本世纪中叶成为世界科技强国奠定基础”。① 2012 年 7 月 6~7 日，我国再次召开全国科技创新大会，强调 1995 年制定的大力实施科教兴国战略和人才强国战略，强调 2006 年确定的“自主创新、重点跨越、支撑发展、引领未来”16 字科学技术指导方针，强调进一步深化科技体制改革的紧迫性，强调建立以企业为主体的科技创新体系的重要性。党的十九大报告中提出要“坚定实施科教兴国战略、人才强国战略、创新驱动发展战略”②，并把“加快建设创新型国家”③ 作为现代化经济体系的战略支撑纳入贯彻新发展理念、建设现代化经济体系的重要内容，提出了强化基础研究、加强应用基础研究、加强国家创新体系建设、深化科技体制改革、倡导创新文化和培养造就一大批具有国际水平的战略科技人才、科技领军人才、青年科技人才、高水

①《科技纲要》中除总体目标外，还提出了 8 个定性目标（制造业和信息产业技术水平进入世界先进行列、农业科技整体实力进入世界前列、主要工业产品单位能耗指标达到或接近世界先进水平、重点行业和重点城市建立循环经济的技术发展模式、重大疾病防治水平显著提高、国防科技基本满足现代武器装备自主研制和信息化建设的需要、信息生物材料和航天等领域的前沿技术达到世界先进水平、建成若干世界一流的科研院所和大学以及具有国际竞争力的企业研究开发机构，形成比较完善的中国特色国家创新体系）和 4 个定量目标（研究开发投入占国内生产总值的比重提高到 2.5%以上，力争科技进步贡献率达到 60%以上，对外技术依存度降低到 30%以下，本国人发明专利年度授权量和国际科学论文被引用数均进入世界前 5 位）。《科技纲要》分四个部分总体部署，即一是立足于我国国情和需求，确定若干重点领域，突破一批重大关键技术，全面提升科技支撑能力，并确定 11 个国民经济和社会发展的重点领域，从中选择在近期获得技术突破的 68 项优先主题进行重点安排；二是瞄准国家目标，实施若干重大专项，实现跨越式发展，填补空白，共安排 16 个重大专项；三是应对未来挑战，超前部署前沿技术和基础研究，提高持续创新能力，引领经济社会发展，重点安排 8 个技术领域的 27 项前沿技术、18 个基础科学问题、实施 4 个重大科学研究计划；四是深化体制改革，完善政策措施，增加科技投入，加强人才队伍建设，推进国家创新体系建设，为我国进入创新型国家行列提供可靠保障。

② 习近平. 决胜全面建成小康社会夺取新时代中国特色社会主义伟大胜利——在中国共产党第十九次全国代表大会上的报告. 引自《党的十九大报告辅导读本》[M]. 人民出版社，2017：27。

③ 习近平. 决胜全面建成小康社会夺取新时代中国特色社会主义伟大胜利——在中国共产党第十九次全国代表大会上的报告. 引自《党的十九大报告辅导读本》[M]. 人民出版社，2017：30。

平创新团队等明确的发展方向和基本路径。

要建设创新型国家，需要加强四个方面的建设，即知识创新系统、技术创新系统、知识传播系统和知识应用系统。知识创新是技术创新的基础和源泉，技术创新是企业发展的根本，知识传播培养和输送高素质人才，知识应用促使科学知识和技术知识转变成现实生产力。四个系统各有重点，相互交叉，相互支持，是一个开放的有机整体。[①] 要实现这四个方面的建设，高等教育的重要性不言而喻。

高等教育承担着人才培养、科学研究和社会服务三大功能，具有科技、知识、信息、人才等方面的独特优势，因此是国家创新体系的重要组成部分。《科技纲要》8 个定性目标之一就是“建成若干世界一流的科研院所和大学以及具有国际竞争力的企业研究开发机构，形成比较完善的中国特色国家创新体系”，其具体表述见专栏。

**专栏**

大学是我国培养高层次创新人才的重要基地，是我国基础研究和高技术领域原始创新的主力军之一，是解决国民经济重大科技问题、实现技术转移、成果转化的生力军。加快建设一批高水平大学，特别是一批世界知名的高水平研究型大学，是我国加速科技创新、建设国家创新体系的需要。我国已经形成了一批规模适当、学科综合和人才会聚的高水平大学，要充分发挥其在科技创新方面的重要作用。积极支持大学在基础研究、前沿技术研究、社会公益研究等领域的原始创新。鼓励、推动大学与企业和科研院所进行全面合作，加大为国家、区域和行业发展服务的力度。加快大学重点学科和科技创新平台建设。培养和会聚一批具有国际领先水平的学科带头人，建设一支学风优良、富有创新精神和国际竞争力的高校教师队伍。进一步加快大学内部管理体制的改革步伐。优化大学内部的教育结构和科技组织结构，创新运行机制和管理制度，建立科学合理的综合评价体系，建立有利于提高创新人才培养质量和创新能力，人尽其才、人才辈出的运行机制。积极探索建立具有中国特色的现代大学制度。

① 中国科学院“国家创新体系”课题组. 迎接知识经济时代，建设国家创新体系［J］. 世界科技研究与发展，1998（3）.

国家的《科技纲要》专门对大学在创新型国家体系中的重要作用与重要地位作如此大篇幅的详尽的阐述，这在中国历史上也是罕见的。因此，我们认为建设创新型国家为中国各类大学的建设和发展提供了难得的历史机遇。如何顺应知识经济和现代科技发展的潮流，更好地发挥大学人才培养、科学研究、社会服务的功能，使大学真正成为国家创新体系中不可替代的“创新极”，是摆在国内所有大学面前的机遇和挑战，大学有必要紧密对接国家战略，在政策的解读与落地上有自己独特的贡献。

新的发展环境与发展形势对大学提出了新的要求，必然对大学的发展模式及其发展路径产生深刻影响。在传统大学改变组织模式，积极适应创新型国家建设的同时，我们还需要积极创办一批新的大学。我们认为，这些新的大学建校和发展的逻辑依据就是如何服务国家科技创新的需要，即按照布鲁贝克的说法，是遵从“政治论为基础的哲学”来办学①。在这一过程中，借鉴国外高等教育尤其是借鉴国外新兴大学的发展模式在国家创新体系中的作用及其发展模式是非常必要的，这些新兴大学的崛起与发展轨迹就是高等教育哲学政治论思想的典型体现。

## 二、探索建设一流大学已成为国际社会的普遍共识

英美等世界发达国家纷纷建设一流大学的经验值得我们关注，其出台的一系列政策举措更值得我们学习借鉴。

20 世纪中叶初期，美国开始启动研究型大学发展的战略。万瓦尼尔·布什（Vannevar Bush）根据富兰克林·德拉诺·罗斯福（Franklin Delano Roosevelt）总统的科学之问，提交了《科学——永无止境的前沿》咨询报告，并成为美国科技

① 约翰·S. 布鲁贝克（John S. Brubacher）是美国著名的教育学家，曾经在美国常春藤名校之一的达特茅斯学院讲授高等教育学，后在耶鲁大学任教育史和教学哲学教授，其重要著述有《高等教育思想述评》《高等教育哲学》（该书已经成为国内高等教育学硕士博士教育的必读书目，由王承绪、郑继伟、张维平等译，浙江教育出版社出版。在《高等教育哲学》一书中，布鲁贝克先生提出高等教育存在的合法基础有两种视角：一是精神追求作为知识学习目的的认识论基础，二是追求知识对国家意义重大的政治论基础。

政策的标志性文本。[①] 该报告充分论证了大学基础科学对国家发展的重要性，成为第二次世界大战后美国联邦政府对以大学为基础的基础研究的优先资助的政策基础。万瓦尼尔·布什认为，“科学进步是作为我们国家安全、更好的健康、更多的就业机会、更高的生活标准以及文化的进步必不可少的一个关键”，这一有说服力的观点，为美国研究型大学的崛起和自由基础研究至高无上的优先位置奠定了基础。[②] 1958~1968 年这十年间，作为美国学术研究的黄金期，联邦政府拨给大学的研发经费从 2.54 亿美元飙升至 15.7 亿美元，用于大学基础研究的联邦资助更是增长了 7 倍，从 1.78 亿美元增加到 12.51 亿美元。[③] 同时，《国家科学基金方案》《国防教育法》以及《经济刺激与恢复法案》等立法都不断确定大学在国家发展中的重要位置。此后，里根政府时期对国防科研的资助以及产业界对高等教育的渗透、克林顿时期将高等教育与国家利益的紧密结合、小布什时期的美国竞争力计划等都为美国在世界高等教育占据世界高等教育的优先位置提供了持续不断的政策和资源支持。美国大学也不负众望，在通过招收低收入家庭学生以维护社会公平、通过科学研究以维护国家卓越、通过回馈社会以维护大学声誉等方面做出了世界瞩目的贡献。

20 世纪后期开始，英国政府不断推出政策加大改革，以提升高等教育质量。据统计，从 1980 年至 2004 年的 25 年时间里，英国高等教育相关的报告、白皮书和法案有 15 件，平均每年就有 1 项报告、白皮书或法案出台。[④] 英国一流大学素有重学术的传统，长期以来奉学术独立、精神独立为至要。20 世纪 80 年代，

---

① 第二次世界大战接近尾声时，罗斯福总统敏锐地意识到战争时期建立起来的联邦政府与国家顶尖大学之间建立起来的研究合作关系对于美国的胜利至关重要，希望这种合作关系在和平时期能得到有益的运用，并提出“政府在当前及未来可以做些什么以帮助公共及私营组织开展研究”，责成其战时科学顾问万瓦尼尔·布什完成这一咨询报告。遗憾的是，万瓦尼尔·布什在完成该报告的前三个月，小罗斯福总统就去世了。1945 年 7 月 25 日，万瓦尼尔·布什致信布鲁门（Truman），提交了《科学——永无止境的前沿》报告。在该报告中，万瓦尼尔·布什把科学研究喻为“科学资本”，认为研究经费不应该被视为成本，而是对美国未来、经济及民生的投资，并对如何提升科学资本进行了详尽的阐述。以上根据林娴岚译自 American Academy of Arts & Sciences，RESTORING THE FOUNDATION：The Vital Role of Research in Preserving the American Dream，Appendix B（刊于《科技中国》2016 年第 3 期）而整理。

② M.R.C. Greenwood. Risk Business：Research University in the Post September11 Era，AAAS，2002-04-02［EB/OL］. http：//www.aaas.org/sites/default/files/migrate/uploads/stvwch1.pdf.

③ 休·戴维斯·格拉汉姆. 美国研究型大学的兴起：战后年代的精英大学及其挑战者［M］. 河北大学出版社，2008：3.

④ Malcolm Tight. The Development of Higher Education in the United Kingdom Since 1945［M］. MacGraw Hil，2009：28-40.

英国政府开始减少教育经费支出，使得英国的很多大学更多地通过社会服务筹集资金与改革发展，许多像华威大学一样的高等教育机构在此发展模式影响下反而得到长足的发展。[①] 为了赶超美英世界一流大学，重振法国世界高等教育的典范形象，法国在 21 世纪初期也掀起了创建世界一流大学的计划。法国政府在 2010 年推出了“卓越大学计划”。在其一期计划中，法国向高等教育部门拨付了 110 亿欧元的财政。[②] 2013 年，法国国民议会和参议院先后通过了《高等教育与研究法案》,[③] 尽管该法案是以微弱多数通过，仍不影响其成为指导未来高等教育发展的革命性法案。该法案着重强调高等教育和研究与经济、社会文化领域的紧密合作，提升法国大学的科技创新力及其在欧洲科研项目中的法国份额。德国早在 2004 年，时任联邦教育与研究部部长的埃德尔加德·布尔曼（Edelgard Bulmann）就提出要在德国打造哈佛式的精英大学，希望借此改变德国大学在世界高等教育乃至科学研究中的二流地位。2005 年，德国出台“联邦与州促进德国高校科学与研究的卓越计划”，全面启动打造德国精英大学工程。日本在 2001 年启动了重点投资建设 30 所世界一流大学的“远山计划”，后衍生为“重点支持在大学的各学术领域内形成具有世界最高水平的教育与研究基地，以提高研究水平、培养处于世界领先地位的创造性人才、推进具有国际竞争力、凸显个性色彩的大学的建设”。[④] 20 世纪 60 年代，澳大利亚出台《沃克报告》《莫瑞报告》《马丁报告》三大报告，其中《沃克报告》拉开了战后高等教育改革的序幕，内容主要包括回顾了联邦政府在教育方面的有关资助活动、提出联邦政府未来在教育领域主要开展的活动、为联邦政府政策的形成与实施建立保障机制。在《莫瑞报告》中，预示澳大利亚高等教育的需求会出现较大增长，提出联邦政府要进一步资助大学，从资助学费、生活费到提高奖学金，再从资助教育培训费、专门经费到大学拨款，拉紧了联邦政府与大学之间的关系，仅从拨款这一项来看，来自联邦政府与州政府的经费已经占到大学总收入的 80%，其中联邦政府拨款占到 44%。[⑤] 在一流大学

---

①《光明日报》记者袁振国采访沈阳师范大学教授周润智：“中国学者眼中的英国一流大学”，见《光明日报》2010 年 5 月 13 日第 010 版大学生活。

② 张惠，刘保存. 法国创建世界一流大学的政策及其特征［J］. 高等教育研究，2015（4）.

③ 2013 年 5 月 28 日，法国国民议会以 289 票同意、248 票反对通过了该法案。

④ 胡建华. 日本世界一流大学建设新动向［J］. 华东师范大学学报（教育科学版），2016（3）.

⑤ 崔爱国.“二战”后澳大利亚高等教育政策研究［D］. 河北大学，2011：34-36.

的建设中，澳大利亚重视国际竞争，将世界一流大学建设置于国家战略高度，通过对本国一流大学实施特别资助计划，帮助大学增强全球竞争力。自 2003 年开始，8 所高水平大学[①] 均获得 2 个批次以上的资助，除阿德莱德大学外，累计获资助的年限均超过 15 年，累计获得资助总额度均达到 1 亿澳元。[②] 此外，加拿大于 1998 年启动“卓越研究中心网络计划”，韩国于 1999 年推出“智慧韩国 21 世纪工程”，中国台湾地区于 2005 年和 2011 年分别实施“发展国际一流大学及顶尖研究中心计划”和“迈向顶尖大学计划”等。这些计划，为世界一流大学建设起到了积极的推动作用。可见，建设世界一流大学已经成为国际社会的普遍共识。

我国从新中国成立后便启动了重点大学建设。1954~1963 年，先后确定了 4 批全国重点高校。中共十一届三中全会后，党和政府更加清晰地认识到高等教育对于建设现代化的重要性。1984 年，国务院通过教育部、国家计委《关于将 10 所高等学校列入国家重点建设项目的请示报告》。1987 年，国家教委发布《关于评选高校重点学科的暂行规定和意见》，重点学科建设启动。进入 20 世纪 90 年代后，以科技进步为主要内容的综合国力的竞争日趋激烈，国家加快了世界一流大学建设的步伐。1991 年，七届全国人大四次会议通过的《国民经济和社会发展十年规划和第八个五年计划》中正式提出了“211 工程”。1995 年国家计委、国家教委、财政部联合颁布《“211 工程”总体建设规划》，“211 工程”正式启动。1998 年 5 月 4 日，江泽民在庆祝北京大学建校一百周年大会上的讲话中指出“为了实现现代化，我国要有若干所具有世界先进水平的一流大学”。同年 12 月 4 日，教育部在《面向 21 世纪教育振兴行动计划》中正式提出重点支持部分高校创建世界一流大学和高水平大学，从而拉开了“985 工程”的帷幕。进入 21 世纪，中央政府进一步明确和强化对建设世界一流大学的支持。2015 年 8 月，中央全面深化改革领导小组会议审议通过《统筹推进世界一流大学和一流学科建设总体方案》，将“211 工程”“985 工程”“优势学科创新平台”“特色重点学科”等重点扶持一流大学建设的项目统一纳入世界一流大学和学科建设。

事实上，“一流”之意并不仅仅是一种整体比较的结果，非绝对意义上的

① 澳大利亚 8 所高水平大学指墨尔本大学、澳大利亚国立大学、昆士兰大学、西澳大利亚大学、悉尼大学、莫纳什大学、新南威尔士大学、阿德莱德大学。

② 郭宝宇，吴燕，冯倬琳. 澳大利亚的一流大学建设 [J]. 现代教育论丛，2017（1）.

"一流大学"。"一流"应该是同类大学中的佼佼者，是实力居第一个等级的大学集合，在同类大学中具有相对较强的比较优势，是相对意义的一流。从这一点看，一流大学是个多层次和多元的概念。因此，我们在积极学习国外大学的办学经验，建立世界一流大学的同时，应该积极推进各类型高等教育系统内的一流大学建设。这需要不断对高等教育推陈出新，尤其是如何突破传统教育体制、办学模式的限制，建立符合经济发展和社会需要的新型大学。

## 三、变革时代高等教育系统生态多样化

达尔文在对生物有机体进行观察时发现，"存在的物种既不是最聪明的，也不是最强壮的，而是最适应变化的"。[①] 因此任何社会组织的存在，无论成立初期多么艰难，发展的道路多么曲折，能够一直存在且对社会的重要性愈加重要，无不是因为对各个时代的主题作出了积极且适当的调整。大学必须对其所处的整个现实环境开放，必须投身于真实的生活，必须完全融入外部环境。[②]

在中世纪，大学是在教权和王权并存的社会中轴结构的夹缝中产生的机构，大学要获得生存的权利，需要从教权或王权获得特许状。大学公开宣称的功能是提供亚里士多德式的"沉思的生活""为理智而进行理智训练"。大学的职责是为社会培养实际事务的专门人才，以此促进"实践的生活"和满足社会需要做准备。[③] 大学所有的活动都是为世俗王权和教育的管理者及其统治者培养所需要的人员。从外部权利的赋予及其内部的职责来看，为保证教权和王权对大学的控制，以及大学能专注从事培养专门人才的活动，这一时期的大学保持着极高的类似性，高等教育系统是单一、同质的。

18 世纪后期，人类社会进入工业革命时期，随着数学、物理学、生物学、化学等科学领域的发展，在启蒙运动的推动下，荷兰的莱顿大学、普鲁士的哈勒大学和哥廷根大学等，突破以巴黎大学和牛津大学等为代表的传统大学轻视科学、排斥科学的传统，积极将科学引入大学，建立研究机构，促进大学科学研究

---

① 查尔斯·韦斯特. 一流大学卓越校长［M］. 北京大学出版社，2008：32.

② 奥尔加特·加塞特. 大学的使命［M］. 浙江教育出版社，2001：85.

③ 希尔德·德·里德—西蒙斯. 欧洲大学史（第一卷）. 张斌贤等译［M］. 河北大学出版社，2008：22-60.

职能的拓展。1810 年，德国柏林大学喊出“为科学而生活”的口号，推动教学和科研相结合，为研究型大学的新模式奠定了基础。到了第二次工业革命时期，知识在新工业公司的创建与发展以及两次世界大战中都发挥了积极的作用，而在此期间大学适应工业经济发展对科学技术发展的需求，在教学和科研职能之外，逐渐拓展出社会服务的新职能。大学所传播的知识已不再是“道”，知识变成了“器”，变成一种资源、一种利器。在大学的职责和功用不断丰富的过程中，高等教育系统内的要素逐渐多元，大学逐渐由同质走向异质。

第二次世界大战后，伴随着传统工业的衰退，发达国家纷纷面临着寻找新的动力来推动社会转型发展的新课题。量子力学、分子生物学、生态学、信息论等在社会经济发展中发挥了革命性力量，而电子信息技术则彻底将工业经济推向新的经济时代。对于这种新的经济时代，阿尔文·托夫勒（Alvin Toffler）著作《第三次浪潮》称其为“服务业时代”,[①] 丹尼尔·贝尔（Daniel Bell）称其为“后工业时代”,[②] 彼得·F.德鲁克（Peter F. Drucker）称其为“后资本主义社会”。[③] 1996 年，世界经合组织又提出了“知识经济时代”的概念。[④] 在知识经济时代，社会生产将从以资源和资本为主的产品生产，转向以知识创新为主的产品和服务转移，知识创新、智力资本和人力资源，将会成为社会发展的力量源泉。在此背景下，社会的中轴“将转移到大学、研究机构和知识生产、传播部门或产业，知识密集型产业或部门成为社会的主要支撑力量”。[⑤] 大学围绕知识开展的各项活动，

---

① 《第三次浪潮》（*The Third Wave*）系著名思想家、未来学家阿尔文·托夫勒（Alvin Toffler）的著作。他所著的《未来的冲击》《第三次浪潮》和《权力的转移》合称“未来三部曲”，对当今的社会思潮产生了广泛和深远的影响。托夫勒最有名的预测是：“21 世纪的文盲不会是那些能读能写的人，而是那些没有能力学习和不断更新知识的人。”

② 丹尼尔·贝尔（Daniel Bell）系美国著名学者和思想家，主要著述有：《意识形态的终结》（*The End of Ideology*）、《美国的马克思主义社会主义》（*Marxian Socialism in The United States*）、《普通教育的改革》（*The Reforming of General Education*）、《工作及其不满》（*Work and Its Discontents*）、《后工业社会的来临》（*The Coming of Post-industrial Society*）、《资本主义文化矛盾》（*The Cultural Contradictions of Capitalism*）。

③ 彼得·F. 德鲁克一生有 41 部巨作，《后资本主义社会》2009 年 8 月由东方出版社出版，本书主要讲述了发达国家所面临的问题及发展中国家的机遇等方面内容。

④ 1996 年，世界经合组织在《以知识为基础的经济》的报告中，将知识经济定义为建立在知识的生产、分配和使用（消费）之上的经济。其中所述的知识，包括人类迄今为止所创造的一切知识，最重要的部分是科学技术、管理及行为科学知识。从某种角度来讲，这份报告是人类面向 21 世纪的发展宣言——人类的发展将更加倚重自己的知识和智能、知识经济将取代工业经济成为时代的主流。资料来源于“MBA Lib.智库·百科”。

⑤ 张敬水. 从农业经济、工业经济到知识经济——浅析知识经济的巨大力量 [J]. 上海经济研究，1998 (10).

越来越变得比以往更具有价值和驱动力量，大学也从社会的“次要机构”，发展成为“主要机构”，由工业经济时代的积极辅助地位跃升为知识经济社会重要生力军的地位，被誉为经济社会发展的“发动机”。

在大学的地位走向知识创造中心的过程中，大学的存在形式和发展模式也愈加多元。大学开始引入“新管理主义”“学术资本主义”“大学企业化”等新理念，并诞生了一批新的大学模式。如美国工程院前院长韦斯特认为，目前的研究型大学正在步入全球化的第二个阶段，即“后大学”（Meta-University）逐步到来。亨利·埃兹科威茨（Henry Etzkowitz）在学术资本主义的基础上，提出了“创业型大学”的概念。[①] 布林特（Steven Brint）通过对美国的研究型大学的研究发现，部分研究型大学正在从成型的研究型大学即传统大学向新模式转变，表现出研究型大学在面临时代发展要求下所作出的明显改变。[②] 诸如此类的研究表明，大学已经脱离了传统的单一、同质性质。在外部环境的变化和组织内知识方式的多元化过程中，世界范围内的各种大学模式相互激荡，展现出一幅绚丽的图景。

从我国的情况来看，除了社会经济转型对高等教育的影响外，高等教育大众化以及政府在财政资源上重点向高水平大学倾斜的客观现实，致使多数大学都面临着残酷的外部竞争：高校要解决实现跨越式发展的巨大压力与政府财政拨款相对不足的矛盾，[③] 就迫切需要变革，以促进高等教育办学主体、办学形式、培养方式等更加多样化；改变同质办学、模式趋同的现象，保障不同的院校在多层次生态位上的竞争资源。新兴大学作为一种新型大学，是在日益复杂和不断变化的高等教育生态系统中寻求自我定位的一种选择，是高等教育多样化、多元化、大学共生共赢的一种重要表征形态。我们认为，对于新兴大学的研究，将有助于我国大学寻找战略定位，发掘特色和优势，开展错位竞争，形成高等教育多样化生态系统，并实现高等教育生态系统的良性发展。

---

① 亨利·埃兹科威茨（Henry Etzkowitz），现为国际三螺旋协会会长，美国斯坦福大学资深研究员、英国伦敦大学伯克贝克学院访问教授、爱丁堡大学访问教授和瑞典林雪平大学特聘资深顾问。20 世纪 90 年代初开始研究大学—产业—政府在创新战略形成和落实中的关系，与荷兰阿姆斯特丹大学 Loet Leydesdorff 教授等开创三螺旋创新研究领域，并创立国际三螺旋大学，足迹遍布全球，被誉为“三螺旋之父”。

② S. Brint. Creating the Future：New Directions in American Research University [J]. Minerva，2005，43 (1).

③ 宣勇，张鹏. 激活学术心脏地带——创业型大学学术系统的运行与管理 [M]. 高等教育出版社，2013：53.

## 第二节　研究进展

外部环境的变化，不可避免地影响了大学的变革。一些国家通过组织变革、创业理念等融入学术环境并依托组织机制的创新，已经重塑了大学的办学理念、发展模式和运行机制。新兴大学作为一种新的大学形式，在学理层面的研究也会不断丰富。

本书认为，新兴大学是一个类的概念，是表征对传统大学发展模式创新的一种新型大学。就此界定来看，新兴大学的存在形式是多样的，从目前的研究来看，诸如年轻大学、创业型大学、后发型大学等均属于新兴大学的一种属概念。

### 一、年轻大学的相关研究

2012年，《泰晤士高等教育（增刊）》推出了"校龄低于50年的150所大学"排行榜。同年，QS（Quacquarelli Symonds）也推出了"校龄低于50年的50所大学"排行榜。这两大排行榜关注的是成立时间低于50年且在全球范围表现卓越的大学。

年轻大学排行榜一出现后就引发了国际社会的极大兴趣。年轻大学到底有何发展奥秘，能在短时间内成功发展为世界一流大学，乃至成为国际社会关注的重点。德国康士坦茨大学校长指出，"年轻大学难以在传统大学的组织模式中获益，但是它们也不受它们（组织结构）的束缚。传统大学拥有几个世纪的资金、校友和声誉，它们变得孤立和自我，这不利于学术对话。相对而言，年轻大学更加小而精"。[①] 爱尔兰都柏林城市大学校长布莱恩（Brian MacCraith）指出，"年轻大学不受传统模式的阻碍，它们是灵活的、动态的、热衷现代组织实践的方法"。[②] 西

① 150 Under 50 Rankings 2016: Youthful Universities Use their Flexibility to Make a Mark［EB/OL］. https: //www.timeshighereducation.com/world-university-rankings/150-under-50-rankings-2016-youthful-universities-use-their-flexibility-to-make-a-mark.

② 150 Under 50 Rankings 2016: More of the Most Dynamic Young Universities in View［EB/OL］. https: //www.time.shighereducation.com/world-university-rankings/150-under-50-rankings-2016-more-of-the-most-dynamic-young-universities-in-view.

班牙庞培法布拉大学的校长卡塞勒斯（Jaume Casals）指出“年轻和小规模使得我们在面对当前易变的环境中能更加主动积极和灵活”。[①] 澳大利亚在年轻大学的排行榜中表现抢眼，为何如此，昆士兰科技大学校长道出了其中的秘密，“新大学正在建立自己的策略和市场，而不是去模仿精英大学。传统大学通过在研究领域获得的成功，获得声誉，这些研究可以通过一代代人的继承与延续。但是它们缺乏跨组织交流以及根据当代社会进行改变的行动，这意味着它们将会很快失去自己的价值和地位，如果它们不去解决对当今社会有意义的、真实的挑战”。[②] 庞培法布拉大学校长指出，年轻大学成功的奥秘在于与城市的联系，即创建了一个城市大学的模式，该校在建立之初就与巴塞罗那建立了紧密的联系。[③]

我国学者也对年轻大学展开了初步的研究。如武建鑫对全球年轻大学的学科布局进行了研究，通过对学科分布结构、发展模式、特色战略和绩效特征四个方面的情况分析，指出世界年轻大学的学科布局结构呈现多样化态势、学科发展模式不拘一格、实施差异化特色战略、表现出鲜明的国际化视野和产学合作。[④] 王宝玺则对亚洲的世界年轻大学的学科分布特征进行了研究，量化分析显示：亚洲全球顶尖年轻大学学院设置以学科门类为设置基准，学科优势影响特色学院的设立，强化学科交叉；一流学科是年轻一流大学形成的基础和必要条件，但不是充分必要条件；年轻世界一流大学自然科学的主体学科齐全，优势学科明显，强化工、商两大应用学科；学科形态发展呈现多样化。[⑤] 夏人青和朱炎军撰文指出，年轻大学走向世界一流需要做到三点，其一是政府的强力支持，其二是小而精的发展战略，其三是国际化的合作战略。[⑥]

---

① 150 Under 50 Rankings 2016：More of the Most Dynamic Young Universities in View [EB/OL]. https://www.timeshighereducation.com/world-university-rankings/150-under-50-rankings-2016-more-of-the-most-dynamic-young-universities-in-view.

② 150 Under 50 Rankings 2016：Youthful Universities Use Their Flexibility to Make a Mark [EB/OL]. https://www.timeshighereducation.com/world-university-rankings/150-under-50-rankings-2016-youthful-universities-use-their-flexibility-to-make-a-mark.

③ 150 Under 50 Rankings 2016：Consolidating the Gains is the Next Step [EB/OL]. https://www.timeshighereducation.com/world-university-rankings/150-under-50-rankings-2016-consolidating-the-gains-is-the-next-step.

④ 武建鑫. 全球顶尖年轻大学的学科布局及其战略选择 [J]. 中国高教研究，2017 (5).

⑤ 王宝玺. 亚洲全球顶尖年轻大学学科布局的量化分析 [J]. 清华大学教育研究，2017 (6).

⑥ 夏人青，朱炎军. 年轻大学如何走向世界一流 [N]. 中国教育报，2016-09-30.

## 二、关于后发型大学的研究

关于后发型大学的研究，主要借鉴社会现代化发展中的“早发内生型”和“后发外生型”理论。孙立平在《后发外生型现代化研究论纲》（1990）中对“早发内生型”和“后发外生型”做了解释：早发内生型以西欧国家和美国为代表，这些国家的现代化有两个特点：其一，这些国家的现代化时间比较早，其中英国最早，可以从17世纪40年代资产阶级革命算起；其二，这些国家的现代化带有明显的内生性，即现代化最初的启动力量和现代性因素最初的来源，都是来自社会内部，对于这些社会来说，从外部采借现代性因素的可能性或是不存在或是很小。由于其现代化是建立在自身内部现代性不断成熟的基础上，其现代化带有明显的渐进性。后发外生型主要包括德国、俄罗斯、日本以及今天广大的发展中国家。首先，这些国家的起步较晚；其次，现代化不仅是后发的，而且现代化国家最初的动因和最初的现代性要素也往往不是来自自己的内部，就大体而言，这些国家的现代化启动往往与外部的威胁存在关系，在现代化的过程中，会伴随一系列的文化采借过程。以该研究者为代表的一批学者借用“早发内生型”和“后发外生型”理论对社会发展的诸多领域展开了研究。

### （一）高等教育研究中对后发型的理论借鉴

后发型理论被借用到高等教育的研究领域，以探析我国高等教育的现代化发展历程。如潘懋元和张应强就如何在后发外生型的现代化进程中保持高等教育与传统文化的关系进行了研究。[①] 邬大光和赵婷婷等就如何推进后发外生型高等教育发展战略展开研究。[②] 上官剑和李海萍等借用外生性和内生性对中西方大学的起源进行了比较。[③]

研究者对早发内生型的高等教育和后发外生型的高等教育研究主要是与社会现代化紧密结合在一起，即早发内生型的高等教育主要诞生于早发内生型的现代化国家，后发外生型的高等教育主要诞生于亚洲等后发外生型国家。如田正平和张彬将我国的高等教育界定为后发外生型——“我国的高等教育起步较晚，且主

① 潘懋元，张应强. 传统文化与高等教育现代化［J］. 清华大学教育研究，1997（1）.
② 邬大光，赵婷婷等. 高等教育强国的内涵、本质与基本特征［J］. 中国高教研究，2010（1）.
③ 上官剑，李海萍. “外生性”与“内生性”：中西方大学起源之比较［J］. 高等教育研究，2006（6）.

要是由外来因素所诱发，对西方高等教育的借鉴、模仿、融合所形成的”。[①]

通过对已有的研究发现，早发内生型高等教育主要具备几个特征，其一，发展时间较早；其二，源于本土社会内部需求而产生；其三，大学的治理机制以学术权力为逻辑起点。后发外生型高等教育的特征则体现为：其一，发展时间较晚；其二，源于社会或者国家的外部压力或刺激；其三，在建立和发展过程中首先以国家主义作为大学的办学理念。就此看，意大利、英国、法国的高等教育属于早发内生型，德国、美国、日本以及广大的发展中国家的高等教育均属于后发外生型。

### （二）后发型大学的相关研究

在研究高等教育的现代化进程中，一些学者也将大学分为早发型大学和后发型大学两种形式。对于到底何谓后发型大学，研究者们的观点多样：袁广林指出“像后发国家一样，后发大学也有缘于后发优势而存在的发展机遇，尤其是新建大学，它们可以被认为是后发大学的一个特例”，[②]作者并列举德国大学、美国大学为后发大学；王建梁和陈瑶认为大部分亚太地区的大学属于后发外生型，如东京大学、印度理工学院、香港科技大学等；[③]别敦荣认为我国的大多数地方大学属于后发大学。按照学者们的研究，后发大学或者后发型大学的界定基本有两个方面：其一，发展时间相对较晚；其二，大学的形成不是基于民族的文化根基或者社会制度而产生的，是模仿或者复制的结果；其三，大学知识生产模式异于早发型大学。

后发大学如何提升质量、赶超一流大学，成为后发型高等教育国家提升国家科技竞争力的战略途径之一。从已有研究的现状来看，对后发型大学的研究主要面向在世界范围内声誉卓越的一流大学，即面向后发型大学中世界一流大学的战略选择和发展经验。研究者们主要将目光聚焦在后发一流大学，包括香港科技大学、浦项科技大学、新加坡南洋理工乃至欧美后发的一流大学，并研究世界后发大学、后发型世界一流大学或者后发新兴世界一流大学。如王晶晶通过案例研究

---

① 田正平，张彬. 模式的转换与传统的调适——关注中国高等教育现代化的两点思考[J]. 高等教育研究，2001（3）.

② 袁广林. 香港科技大学何以成就大学传奇——基于后发优势理论的思考［J］. 高教探索，2013（3）.

③ 王建梁，陈瑶. 后发外生型世界一流大学发展模式述评［J］. 高等理科教育，2010（4）.

香港科技大学和南洋理工大学探究“世界后发型大学”。[①] 乔学斌通过对南洋理工大学的案例研究指出，后发型大学要成长为世界一流大学，需要坚持与国家共发展，不断推进管理创新，走特色化发展路径。[②] 李明忠则以浦项科技大学为案例进行研究，认为浦项科技大学之所以走向“后发新兴世界一流大学”，原因在于该校延聘世界一流师资、培养世界一流科学家、精选特色学科和确定重点领域、开拓多渠道经费来源以及“产学研”合作的技术创新模式等战略举措。[③]

## 三、关于创业型大学的研究

20 世纪中期开始，以 MIT 为代表的一批著名研究型大学开始探索一种新型的发展模式，即致力于将已有的创新成果通过吸引社会上的资金创办高新技术公司应用于实践，加快原创性科技成果的转化，从而推动并兴办全新产业，以促进经济发展、支撑国家科技进步。由此，大学和政府、企业之间的关系发生了重大变化，学界把这类大学称为“创业型大学”。

### （一）国外关于创业型大学的相关研究

伯顿·克拉克（Burton R. Clark）是创业型大学最早也是最重要的研究者，其研究的主要是欧洲的创业型大学。这类大学的共同特征是相对较小、技术导向型、历史较短。这类大学往往居于高等教育系统的边缘地位，外部又面临着巨大的压力，这些因素与学校内日益得到激发的、昂扬向上的创业精神相结合，便产生了强大的变革与发展动力。克拉克认为，“创业型”的含义是指许多社会系统的一个特征，及全部大学及其内部系科、科研中心、学部和学院的一个特征。这个概念还带有“事业”的含义——即在需要很多特殊活动和精力的建校工作中的执着努力……一所创业型大学，凭它自己的力量，积极地探索如何在干好它的事业中创新。它寻求在组织的特性上做出实质性的转变。创业型大学的特征体现在五个方面：强有力的领导核心、加强与外界的联系、多元化的资金来源、强有力

---

① 王晶晶. 来自世界后发型大学的成功启示——以香港科技大学和新加坡南洋理工大学为例［J］. 宁波大学学报（教育科学版），2009（6）.

② 乔学斌. 后发型世界一流大学的实践与启示——以南洋理工大学为例［J］. 江苏高教，2014（11）.

③ 李明忠. “小而精”：后发新兴世界一流大学的特色发展战略——以韩国浦项科技大学为例［J］. 中国高教研究，2012（8）.

的学术核心、创业型的校园文化。①

埃茨科维兹从大学与产业界合作的角度，考察了美国研究型大学如何将大学的科研成果和知识迁移出大学，并成功实现商业价值的过程。在其著作《大学与全球知识经济》中，他与劳埃特·雷德斯多夫一起论述了研究型大学如何在全球知识经济中，与产业和政府合作，成为大学—产业—政府关系的“三螺旋”中的一员。“三螺旋”也成为后来者研究创业型大学的理论基础。埃茨科维兹认为创业型大学就是学术资本主义化的研究型大学。研究型大学积极将科研成果进行转化，直接参与研究成果商业化活动，与产业界、政府建立新型的合作关系，鼓励和支持新科技公司的创建，创办风险投资公司和附属企业，以拓宽资金来源。同时，大学还建立了各种诸如技术转移办公室的跨边界组织。大学商业化知识和科研成果的活动也被称为“创业”。MIT 被认为是这类创业型大学的典型代表。

创业型大学兴起后，国际社会掀起了对其的理论研究热潮，尤其是对创业型大学的组织变革、创业活动、运行、教学等进行了系列研究。如在组织变革方面，亚历山大（Alexander Styhre）和弗里德（Frida Linda）在对斯堪的纳维亚技术大学的 10 个研究中心的研究中认为，“创业型大学不再是一个严格的等级组织——官僚制组织的理想类型，大学组织变革越来越‘软化’，即组织较少严格地遵循官僚的原则，更多地结合了网络状的机制和形式”。② 在创业活动方面，安迪·格林归纳了欧洲大学创业活动的类型，本纳德等比较了新加坡和瑞士的技术附属企业，③ 以说明企业型框架对创业型大学的必要性。关于创业型大学的教学，海内肯和海蒂探讨了教学在发展创业型大学中的角色，提出创业型大学面临的挑战是如何根据大学的任务和自身条件来设置教学内容和方法的问题。④

### （二）国内关于创业型大学的相关研究

我国关于创业型大学的研究始于对国外创业型大学理论与实践的介绍，始于

① 伯顿·克拉克. 建立创业型大学：组织上转型的途径［M］. 人民教育出版社，2007：2.

② Alexander Styhre，Frida Linda. The Softening Bureaucracy：Accommodating New Research Opportunities in the Entrepreneurial University［J］. Scandinavian Journal of Management，2010（26）：107–120.

③ Andy Green. The Entrepreneurial University in Europe［R］. Hangzhou，Zhejiang University：UNESCO Conference on The Quest for Innovation and Entrepreneurial in Asia and Pacific Region，2010：82–90.

④ Jarna Heinonen. Ulla Hytti. Back to Basics：The Role of Teaching in Developing the Entrepreneurial University［J］. International Journal of Entrepreneurship & Innovation，2010，11（4）：283–292.

创业型大学研究成果的翻译引进。代表性的翻译成果有2005年周春彦译的《三螺旋》，2007年清华大学王孙愚、袁本涛等译的《麻省理工学院与创业科学的兴起》，2008年、2010年王承绪译作《大学持续的变革：创业型大学新案例和新概念》和《建立创业型大学：组织上转型的途径》。这些专著的集中译介，为国内学术界和实践办学者认识创业型大学新范式，积极推进相关研究奠定了重要基础。随着对国外理论介绍的不断丰富，以及国内高等教育发展面临的现实需求，创业型大学的理论研究逐渐丰富。

第一是关于创业型大学内涵的研究。到底何谓创业大学，学者们研究的角度不一。如有学者认为创业型大学存在两种形式，第一种类型是克拉克所关注的旨在应对环境变化而实施变革的“革新式”大学，以英国的沃里克大学为典型；第二种类型是埃茨科威兹所关注的以知识转移和学术创业为特征的“引领式”大学，以美国的麻省理工学院为典型。[①] 王凯等学者认为所谓的创业大学就是“以促进大学与区域创新创业能力协同发展为导向，通过构建创新创业生态系统，使创新创业的‘物质、能量和信息’在大学内部以及大学与区域之间高效地动态流动，在高深知识传承、前沿知识生产、融合创新创业文化的基础上，以培养创新创业人才为核心，推动科技成果转化、支撑区域创新驱动发展的大学”。[②] 赵文华和易高峰认为，创业型大学不等同于企业型大学，更不简单等同于开展创业教育的大学，它不是狭隘地仅仅进行研究商业化，更主要的是在为经济和社会发展做出贡献的同时，也体现大学传统的教学与科研功能。创业型大学，是指通过拓展传统的教学与科研职能，承担促进国家和区域经济社会发展的使命；扮演区域知识创新主体的角色，与政府、产业界建立新型的合作关系；注重提升研究与发展的质量，为创新创业活动提供动力；以跨学科研究中心、衍生企业、技术转移办公室等创业型组织为载体，积极开展创新创业活动；是融创业文化与学术文化为一体的新型大学。[③]

第二是关于创业型大学的组织特性的研究。面对外部生存环境的不断变化与

① 邹晓东，陈汉聪. 创业型大学：概念内涵、组织特征与实践路径［J］. 高等工程教育研究，2011（5）.

② 王凯，胡赤弟，吴伟. 基于“学科—专业—产业链”的创新创业型大学：概念内涵与现实路径［J］. 清华大学教育研究，2017（5）.

③ 赵文华，易高峰. 创业型大学发展模式研究——基于研究型大学模式创新的视角［J］. 高教探索，2011（2）.

挑战，创业型大学采取组织变革的方式以适应大学的市场行为，创业型大学出现了一些不同于传统大学的组织特性。如温正胞和谢芳芳认为，创业型大学作为一种特殊的学术组织系统，由于它是大学组织自身成为一个创业者的新型高等教育机构，其内在的组织特性将更加强调功利性。但是创业型大学仍然是以学术知识为核心要素的组织，从而使得组织特性发生了维度的变化，开始从偏重规范性维度向功利性维度转变。[①] 张锐认为创业型大学具有目标经济性、职能的服务性、运行的开放性和绩效考核的科学性等特征。苏晓华认为市场化生存成为创业型大学在新生态环境下的一种重要发展方式，并以斯坦福大学为例展示了创业型大学变革和持续发展的一些特征。[②] 付八军认为创业型大学的组织特性是学术资本转化，并非学术资本主义。学术资本转化从历史使命出发，体现了创业型大学的社会责任，折射出一种实用主义的价值取向，将成为大学的“第三个中心”，引领大学的变革与发展。[③]

第三是关于创业型大学的生产生成及其发展环境的研究。周春彦与三螺旋理论的创始人埃茨科威兹的合作论文《双二螺旋：创新与可持续发展》(2000) 在原来大学—产业—政府创新三螺旋基础上又提出了“大学—公众—政府”的可持续三螺旋，这是对创业型大学生态环境的多角度剖析。[④] 涂秀珍以 MIT 和斯坦福大学为例，以创业型大学内部支持大学创业的文化氛围、支持学术创业的制度为切入点，阐述了典型创业型大学的文化生态系统如何为大学发展提供养分的机理。[⑤] 陈良雨和汤志伟对我国的创业型大学进行研究发现，我国创业型大学学术资本转化面临评价机制、中介组织以及二次创新等压力因素的制约，形成学术资本“增长陷阱”与学术资本模式趋同等状态，应该尝试从校企联合、专设机构、专业导向以及基地建设等方面进行系统矫正。[⑥]

第四是从大学职能转化来探讨创业型大学的发展轨迹的研究。王骥从历史和

① 温正胞，谢芳芳. 学术资本主义：创业型大学的组织特性［J］. 教育发展研究，2009（5）.

② 苏晓华等. 创业型大学市场化生存机制及启示［J］. 外国教育研究，2011（1）.

③ 付八军. 学术资本转化：创业型大学的组织特性［J］. 教育研究，2016（2）.

④ 周春彦，亨利·埃茨科维兹. 双二螺旋：创新与可持续发展［J］. 东北大学学报，2000（5）.

⑤ 涂秀珍. 美国创业型大学的文化生态系统及其有益启示——MIT 和斯坦福大学案例研究［J］. 福州大学学报，2011（4）.

⑥ 陈良雨，汤志伟. 创业型大学建设中的学术资本转化问题研究——基于压力、状态、响应的分析［J］. 中国高教研究，2017（10）.

结合的视野剖析创业型大学的学术资本主义是对“洪堡理想”的一种继承和超越，认为形成这种继承和超越关系的关键在于大学能够保持自主性以及社会的积极干预。[①] 王璇在其论文《论高等教育的谋生功能与乐生功能》中，批判了在市场经济的影响下，高等教育过分强调了其谋生功能，遮蔽了其乐生功能。针对这一点，她指出高等教育应对人进行整体关注，那也就是既要关注人的谋生功能，又要关注人的乐生功能，这其实是一篇引发整个学术界对创业型大学社会职能再思考的文章。[②] 解水青和秦惠民研究指出，创业型大学与大学服务社会“第三使命”的形成，都是大学对外部环境的资源依赖进行应对的产物，两者存在多方面的关联。由于创业型大学表现出与此前大学服务社会行为截然不同的主动性、创造性及灵活性，所以在实践领域，创业型大学将大学“第三使命”提升到新的境地；在理论领域，创业型大学实现了对资源依赖理论的扩展。[③]

## 第三节　研究内容与思路

### 一、研究内容

本书以新兴大学为研究对象，通过对世界新兴大学内涵、发展战略、成功路径进行探索和挖掘，试图探索世界新兴大学发展的奥秘，为发展我国的新兴大学提供相关建议。具体研究内容如下：

第一章，研究背景、研究现状。通过对研究背景的分析，提出了明确的研究问题和研究意义，就相关研究内容进行了国内外研究现状的述评，并宏观勾画了本书的主要内容、研究思路等。

第二章，新兴大学的内涵、特征及其基本理论的研究。新兴大学是一个新概

① 王骥. 从洪堡理想到学术资本主义：对大学知识生产模式转变的再审视机 [J]. 高教探索，2011（1）.

②王璇. 论高等教育的谋生功能与乐生功能 [J]. 河南大学学报，2005（6）.

③ 解水青，秦惠民. 创业型大学对大学“第三使命”的影响——基于资源依赖理论的视角 [J]. 教育发展研究，2016（19）.

念，在理论研究层面尚存在很多的空白，诸如到底何谓新兴大学、其本质特征是什么，存在的理论基础又如何等林林总总的问题都亟待厘清，本章旨在厘清基本理论问题，为本书研究的深度开展提供理论支撑。

第三章，新兴大学发展的历史发展研究。从新兴大学发展的内外部两个角度对其生存、生长进行分析。从外部发展来看，新兴大学的成长是政治、社会等多重维度发展的结果；从内部来看，高等教育发展所经历的理念更新、制度变革及其结构重塑驱动新兴大学的发展。在内外部要素的综合影响下，新兴大学经历了三个历史阶段，在不同的发展阶段，新兴大学均遭遇了不同的内外部压力和机遇，并逐渐成为一支独特的力量，影响了区域高等教育的发展。

第四章，新兴大学的基本特征研究。通过对新兴大学发展的研究，寻求共性经验，并予以理论化。研究认为新兴大学的特征在目标愿景、组织治理框架、规模与结构、国际化、创新创业五个方面呈现显性化，体现出与传统大学不同的组织境遇和战略追求。

第五章，新兴大学的案例研究。研究通过选取英国邓迪大学、韩国浦项科技大学、澳大利亚悉尼科技大学、香港科技大学、南洋理工大学五所大学为案例，深度剖析新兴大学发展的历史经验和现实特征，从中发掘新兴大学成长的秘密。

第六章，总结与展望。对研究的过程、发现以及不足进行总结，并就如何进一步提升新兴大学的研究水平，以及下一步的行动提出展望。

## 二、研究思路

本书基于问题意识，思考在双一流建设的背景和框架下，年轻大学如何突破资源障碍、机制体制束缚等实现突围这一问题出发，就国际经验进行理论研究，探究发展路径，提出建议这一路径展开。整个研究是沿着理论研究、比较研究、政策研究的路径展开。首先，通过对新兴大学的内涵、本质及其存在的理论基础进行研究，确立“新兴大学”这一新生概念的合理性。其次，通过对世界新兴大学进行深度剖析，发掘新兴大学成长的历史与制度要素，重点对新兴大学的发展特征进行研究，总结新兴大学发展的共性特征，揭示新兴大学发展的奥秘。最后，通过选取世界新兴大学的案例，对不同区域新兴大学的发展进行解读，全面剖析世界一流新兴大学的成长经验，更为重要的是为模仿和经验学习提供范本。

# 新兴大学的基本理论 第二章

坦率地说，未来几年，很多高校在学校使命和培养项目方面，都将面临剧烈变革，越来越多的高校开始重构自己，具体的形式正在出现，成功取决于自己。①

——丹尼尔·若雷

## 第一节 何谓新兴大学

### 一、新兴大学的概念界定

#### （一）新兴

从汉语的语义分析来看，“新”是指刚有的、刚经验到的、初始的，或是表示一种有异于旧质的状态和性质，与“老”相对。“兴”表示举办、发动、兴办，又有旺盛、兴旺、流行之意。“新兴”有最近兴起、新建或者发展的意思。新兴一词多用在经济学、政治学等研究领域，如在产业发展研究中新兴产业主要指利用先进技术成果建立起来的、有经济战略意义的产业，一般指高新技术产业。再如

① 丹尼尔·若雷，赫伯特·谢尔曼. 从战略到变革——高校战略规划实施［M］. 广西师范大学出版社，2006：7.

在研究国家发展中经常运用“新兴国家”“新兴工业化国家”“新兴经济体”等，用以表达经济上正在崛起，并不断冲击世界经济、政治格局的国家。可见，“新兴”一词兼有时间、方式和质量的多重属性。

从时间上看，“新兴”是新近建立的，这是一个相对概念，是指按照某一时间为参照点，以此时间相对较近的为新兴。如在经济学领域常运用的“新兴国家”的概念。“新兴国家”早在20世纪70年代就开始使用了。当时，包括中国香港、新加坡、韩国和中国台湾在内的“亚洲四小龙”都经历了持续、稳定的经济增长。经过数十年的发展，这些国家和地区无论是在人均收入等经济指标上，还是在人类发展指数等社会指标上，都已经达到或者超过了中等西方发达国家的水平。世界银行、国际货币基金组织和美国中央情报局都把“亚洲四小龙”归为发达经济体。大多数人也通常把韩国、新加坡列入中等发达国家之列，而在今天，“新兴国家”又被各国学者用来称呼20世纪90年代以后新成长起来的发展中经济体，其中常被学者和媒体提到的包括中国、巴西、印度、马来西亚、泰国、菲律宾、墨西哥、南非、泰国、土耳其等。

从方式上看，“新兴”是指与传统有所区别，有新的应用领域、新的生产方式、新的功能等，是对组织或行业领域的一种新的范式转换。主要体现在两个方面：其一是技术供给方面的新，是以重大的技术革新来提供新的产品、服务，实现组织变革的新领域、新技术和新产业；其二是新的满足新需求而出现的新，以重大的发展需求为动力引发的组织内部变革，或是新的组织或领域的出现。

从质量上看，“新兴”是高质量的，且具备持续性增长潜力的组织或领域，并主要体现出三个方面的特征：其一是竞争性，能在行业或组织领域内展示出很强的竞争力，促进组织或行业的快速成长；其二是带动性，主要是指新兴发展领域能够通过关联和溢出效应带动其他方面的发展，促进整体水平的提升；其三是发展性，一方面是新兴领域本身能产生长期效益，另一方面是“新兴”并非一成不变，而是随着经济发展、科技进步等外部要素的变化进行相应的调整。

### （二）新兴大学

纵观世界高等教育的发展，大学自诞生以来经历多次革命，大学的使命既传统又创新。知识始终是大学的中心，大学的所有活动都是围绕知识展开的，但是大学围绕知识所进行的活动却在不断发生变化。19世纪，科研活动在德国大学发端，研究成了大学教授的正式职责，大学从专注于人才培养的职能走向教学和科研的统一，以柏林大学为代表的新大学其组织方式、职能、产出方式与传统大学截然不同。进入20世纪，大学服务社会的职能在美国大学最终得到了确立和强化，大学的职能扩展到社会服务，从此大学不仅要专注于教学和科研，还要满足社会生产发展的需要，其组织结构、知识生产方式又一次发生了变化，大学不仅仅是生产知识的机构，同时也是应用知识的机构。

从20世纪后半叶开始，随着全球知识经济的发展以及信息技术革命的日益突破，大学日益卷入了知识商业化和市场化的活动，大学的组织形式和办学模式再一次发生了变化。学术资本主义、创业型大学、企业大学、泛在大学等类型大学的出现，表明“知识的发现、应用和使用被紧密地整合在一起，知识生产则成为这更大过程中的一部分”。[①] 卡耐基教学促进基金会则将知识的多样化形式视为发现的学术、综合的学术、应用的学术、传播的学术共同作用的结果。在大学的知识形式多元化的同时，大学组织存在的形式也呈现多元化的模式，除了传统的大学外，聚焦创新创业的创业型大学、强调智能化学习的泛在大学、以提升工作技能存在的企业大学等逐渐成为高等教育系统的组成部分，也是新大学对传统大学在发展模式上的超越。

新大学创建之初往往处于高等教育系统的弱势地位，其办学条件、师资力量、研究实力等都非常一般，是处于高等教育系统边缘的弱势大学，在国家的高等教育资源配置体系中，往往也居于不利位置。社会往往根据高等教育系统中传统大学，尤其是传统的研究型大学的发展模式和标准来评价什么是好大学。这种评价方式往往忽视了传统大学与新大学的发展差距，也忽视了新大学的动力和潜在发展可能性。然而，由于评价制度的倾斜，导致政策和资源配置的倾斜，使得新建大学在内的后发大学争相去模仿传统研究型大学的运行模式，因为“在一个市场上，模仿而不是创新，是通往合法性和有限程度上的成功的捷径”。[②]

---

① 迈克尔·吉本斯. 知识生产的新模式：当代社会科学与研究的动力学 [M]. 北京大学出版社，2011：3.

② 西蒙·马金森，马克·康西丹. 澳大利亚创业型大学的权利结构、管理模式与再创造方式 [M]. 浙江大学出版社，2007：184–187.

## 二、新兴大学的基本特征

新大学在发展的过程中发现，关于资源和政策安排是按照有利于研究型大学的方式来安排的，在这样的路径安排下，新大学很难实现超越。要想获得成功，需要对传统大学办学模式进行改革，创新摸索出一套有利于自身发展的规则，拓展新的战略空间。因此，在这些新大学中，一批高校通过自身的再造，开始走上与传统大学不一样的道路，我们将在此发展过程中通过不同的战略设计和模式选择，突破政策和资源限制获得卓越表现，并且展现出持续发展潜力的大学称之为新兴大学。

我对香港科技大学的愿景和热忱之印象极为深刻（HKUST's vision and enthusiasm have made a great impression on me）。

**——斯蒂芬·霍金教授（Prof Stephen Hawking）**

第一，新兴大学是年轻的与高质量的。新兴大学是新建大学中发展成功的大学。1088 年，博洛尼亚大学诞生后，世界上第一所近代大学开始了生生不息的发展历程，整个过程不断有新的形式和突破增长。到了巴黎革命时期，拿破仑创建的巴黎综合理工大学，突破了中世纪大学的办学模式，引入军事、科学和工程学科。到了德意志帝国时期，需要科学和教育的结合，新建的柏林大学突破重围。1864 年，新建的麻省理工学院为专门技术学院赢得了在传统大学中的合法席位。后来，霍普金斯大学引入研究生教育，突破本科教学的模式，成长为现代研究型大学的模板。这些事实表明，新兴大学是一个相对概念，在高等教育的发展史上，任何一所相对传统大学在组织模式和运行方式有所突破并获得持续竞争力的大学都应该被视为新兴大学。因此，从今天的高等教育发展情况来看，新兴大学是相比较传统大学而言的，从时间上看，是近 50 年兴起的大学。从质量上看，新兴大学是指发展态势良好，有强大生命力的新型大学。

第二，新兴大学遵从需求逻辑和应用导向。从发展模式来看，新兴大学是按照“需求逻辑”而非“知识逻辑”来谋求发展的。迈克尔·吉本斯将 20 世纪的知识生产方式的变化视为“知识生产模式Ⅰ”向“知识生产模式Ⅱ”的转变。在模式Ⅰ中，设置和解决问题的情境主要是一个特定共同体的学术兴趣所主导；在模式Ⅱ中，知识处理是在一种应用的情境中进行的。模式Ⅰ的知识生产是基于学科的，而模式Ⅱ是跨学科的。模式Ⅰ以同质性为特征，而模式Ⅱ则是异质性的。与模式Ⅰ相比，模式Ⅱ的知识生产担当了更多社会责任，受到更加宽泛的评价标准，包括来自社会、经济和政治领域的要求。[①] 新兴大学从事的就是基于模式Ⅱ的知识生产方式。与传统大学的科学研究受学科或研究团体的内部确定相比，新兴大学的学术活动驱动来自“外部参与”，即研究的问题来自学校外部和（学科）外部。诚如昆士兰科技大学校长彼得·科瑞德（Peter Coaldrake）所言，“传统大学的科学研究缺少跨组织交流和根据当代社会的需要改变行动，这意味着它们很快失去地位和价值，相比而言，新兴大学从事的研究对社会来说是急需的、有意义的、具有挑战性的”。[②] 新兴大学的知识生产更多地趋向以应用问题为导向，打破学科壁垒，注重跨学科研究、校企合作研究。它不仅为学科的发展生产知识，同时也为产业界、市场及相关利益主体生产知识。

第三，新兴大学采用多元供给与内聚治理的方式。“高等教育的历史，很多是由内部逻辑和外部压力的对抗谱写的。”[③] 新兴大学在遵循内在的知识发展逻辑和外部社会发展诉求的过程中，建立了新的内外管理机制。爱尔兰都柏林城市大学校长布莱恩（Brian MacCraith）指出：“新兴大学不受传统大学发展模式的阻碍，它们采用的是灵活的、动态的现代组织管理办法。”[④] 从外部来看，新兴大学在政府、市场之间形成了一种以大学为中心，政府和市场双重参与的管理机制。其中政府是新兴大学的外部主导力量，成为新兴大学财政、战略规划的主要供给者。英国邓迪大学副校长（Sir Peter Downes）指出“正是因为政府和外部的资助才使得英国的新兴大学获得了发展的力量，突破了传统大学的垄断”。[⑤] 从内部来看，围绕知识的跨学科和应用性的发展，新兴大学建立了内聚型的治理机制，突出表现为建立了有利于学科交流的扁平化层次机构，集中优势资源发展优势学科和重

---

① 迈克尔·吉本斯·知识生产的新模式：当代社会科学与研究的动力学［M］. 北京大学出版社，2011：3。

②④ 150 Under 50 Rankings 2016：Youthful Universities Use Their Flexibility to Make a Mark［EB/OL］. https：//www.timeshighereducation.com/world-university-rankings/150-under-50-rankings-2016-youthful-universities-use-their-flexibility-to-make-a-mark.

③ 克拉克·克尔. 高等教育不能回避的历史——21 世纪的问题［M］. 杭州教育出版社，2001：5.

⑤ 150 Under 50 Rankings 2016：More of the Most Dynamic Young Universities in View［EB/OL］. https：//www.timeshighereducation.com/world-university-rankings/150-under-50-rankings-2016-more-of-the-most-dynamic-young-universities-in-view.

点领域的组织模式，由此保证了大学的教学质量和创新能力。弗雷德里克·E. 博德斯顿（Frederic E Boston）在《管理今日大学：为了活力、变革与卓越之战略》一书中明确指出：

大学保持长期活力最重要的条件是健全的治理结构（包括对自治和自我领导能力的保护）以及对学术价值广泛深入的承诺。财务活力以及慎重有效的领导和管理也几乎同样重要。

第四，新兴大学是卓越的信念品质的大学。新兴大学的组织管理模式需要一定的信念价值基础作为支撑。从新兴大学的发展来看，这种信念机制主要体现在追求“卓越”的组织文化。综观世界一流新兴大学的使命和目标，可以发现其共有的特征有：培养英才、增进知识、服务社会、追求卓越，而其中追求卓越是世界一流新兴大学的重要标志，也是区别于普通高校的根本所在。[①] 作为高等教育发展的后起之秀，新兴大学同样把追求卓越作为学校发展的生命线。香港科技大学第三任校长陈繁昌在针对新兴大学在世界大学排行榜中的优秀表现时指出，“这种优秀表现是大学追求卓越的结果，是新兴大学与世界一流大学进行比较并不断提升自我的结果”。[②] 追求卓越的信念文化在新兴大学的内外部发展机制中都得到了应有的体现，人才选拔制度中的一流和国际化、教学培养制度中的小规模和精英化、科研拨款中的集中优势资源和特色战略、追求国际化的竞争意识等均体现了新兴大学追求卓越的信念品质。

## 第二节 新兴大学发展的动力机制

### 一、政策支持：政府的强力推动

从传统的世界一流大学发展历程来看，政府在其中并不是起决定作用的因

① 顾建明，刘爱生. 世界一流大学的价值追求［J］. 教育发展研究，2011（17）.

② 150 Under 50 Rankings 2016：Focus on Mission，Not Measurements［EB/OL］. https：//www.timeshigheducation.com/world-university-rankings/150-under-50-rankings-2016-focus-on-mission-not-measurements.

素。美国常春藤高校，或是牛津大学、剑桥大学等的发展历史表明，这些高校取得的成绩基本上都是自己逐步发展的结果，而不是政府的刻意行为。但是从新兴大学的发展来看，政府的政策和直接的公共投入，却成为促进新兴大学发展的关键因素。

本书通过对新兴大学的身份属性进行统计时发现，超过 2/3 的新兴大学属于公立大学，且均受到各国推进建设世界一流高等教育的政策驱动。以东亚国家或地区为例，韩国、日本、中国台湾地区三个国家（地区）的新兴大学发展的首要原因是国家（地区）的政府战略。如日本推出的“21 世纪卓越中心计划”①、韩国启动的“21 世纪智慧韩国高水平大学建设工程”② 以及中国台湾启动的“五年五百亿计划”等，都为新兴大学的发展提供了强力的政策支持。在中国台湾“五年五百亿计划”的支持下，包括“国立中山大学”、“国立台湾科技大学”、“国立阳明大学”、元智大学、长庚大学在内的 5 所新兴大学都获得了政府的巨额拨款，并成功跻身新兴大学排行榜。再以韩国来看，在“智慧 21 世纪计划”的政策支持下，韩国政府投入了 3.1 万亿韩元建设世界一流大学，通过科研战略推动大学的全面发展，并取得了卓越的成效。2016 年，韩国有 24 所大学跻身世界大学排行榜，其中包括 4 所新兴大学。

## 二、溢出效应：高等教育系统的助力

从新兴大学的发展来看，欧美传统高等教育强国的新兴大学发展占据着较为

---

① “21 世纪卓越中心计划”是日本文部省为创建卓越大学而实施的一项卓越工程。该计划经历了“卓越中心基地建设计划”“21 世纪卓越中心计划”“全球卓越中心计划”三个阶段，其中一期“卓越中心基地建设计划”始于 20 世纪末，使大学、企业、公立研究机构等的科学研究获得了长足进步，获得资助后，在 1997~1999 年三年时间里，日本全社会年均发表论文 55147 篇，其中，大学年均发表科研论文 39437 篇，大学发表论文数量占到论文总量的 71.51%，大学三年间的年均增长率 17.48%，大学成为日本科学研究的主要力量；2002 年，日本又开始实施“21 世纪卓越中心计划”，其“宗旨是通过建设若干个世界一流水平的研究基地，从而带动一批大学成为具有国际竞争力、个性十足的世界一流大学”。——引自赵俊芳，姜检平. 日本“21 世纪卓越中心计划”研究［J］. 现代大学教育，2013（1）：70–77.

② “21 世纪智慧韩国高水平大学建设工程”(Brain Korea 21 program for leading universities & students) 是韩国政府继“21 世纪智慧韩国工程”(Brain Korea 21)“区域创新型大学工程”和“世界一流大学工程后”而实施的一项重要工程。2013 年 5 月，韩国政府决定实施具有综合性质的 21 世纪智慧韩国高水平大学建设工程，韩国教育部与韩国国家研究基金会计划该工程历时 7 年（2013~2019），每年约投资 2729.13 亿韩元，每年培养 1.5 万名优秀硕博研究生并资助新引进的研究人员。——引自赵俊芳，崔明哲. 21 世纪智慧韩国高水平大学建设工程研究［J］. 比较教育研究，2016（5）：1–6.

明显的优势，这依赖于高等教育系统的稳定发展和不断改革。从时间上看，经过历史的积淀，高等教育体系已经成熟，规模稳定发展，为高等教育的良性发展奠定了基础。从空间上看，如果能围绕在顶尖大学周边，可以为新兴大学的发展带来人才、科研合作的机遇。

以英国大学为例，1960 年在《罗宾斯报告》影响下诞生的平板玻璃大学以及根据 1992 年《高等教育法》由技术学院升格为大学的绝大多数高校已经发展成为新兴大学，并进入世界一流新兴大学行列，延续了英国高等教育的卓越表现。其中的原因除了两大政策给予的支持外，历史悠久和完备的高等教育质量保障体系、围绕在顶尖大学身旁的集聚优势和鲶鱼效应，以及高等教育体系的高度国际化为新兴大学走向卓越提供了支持。

再以法国为例，第二次世界大战后，以《高等教育方向法》（1968）为代表的一系列政策法案出台，结合战略性的资源投入，法国高等教育逐渐走向成熟，高等教育的金字塔结构确立。从规模上看，新建高等院校和大学升格运动奠定了新兴大学的数量基础；从政策上看，《高等教育方向法》确立的自治、参与、多学科性原则，降低了新兴大学成长的制度门槛，1984 年颁布的《高等教育法》重点强化大学教学的重要性，鼓励法国新兴大学在教学质量的突出表现；从结构上看，围绕在顶尖大学身边所获取的地域优势、人才优势、科研优势为新兴大学的发展提供了资源支持。

以英、法、德等国为代表的欧美高等教育先发国家，其稳定的高等教育系统、完善的高等教育政策、健全的质量保障体系等为新兴大学的发展提供了肥沃的土壤，更为重要的是集聚在传统精英大学身边所带来的人才、科研合作等优势提高了新兴大学的起步水平，诚如波士顿学院的国际高等教育中心负责人汉斯（Hans de Wit）所言，新兴大学获得第二级别中最好的学者足以保证成功。[①]

## 三、小而精：集中资源办大事

爱尔兰都柏林城市大学校长布莱恩（Brian MacCraith）、康斯坦茨大学校长

① 150 Under 50 Rankings 2016：Youthful Universities Use Their Flexibility to Make Amark［EB/OL］. https：//www.timeshighereducation.com/world-university-rankings/150-under-50-rankings-2016-youthful-universities-use-their-flexibility-to-make-a-mark.

乌里尔奇（Ulrich Rüdiger）等多位新兴大学校长曾表示，采取“小而精”的发展战略使得新兴大学的发展更加主动积极和灵活。[①]

从新兴大学的规模来看，与传统世界名校相比，新兴大学平均学生规模少了5000人，教师少了500人，部分高校的学生规模甚至尚未达到千人，新兴大学的平均师生比为1∶15.9。[②]除了在人数上较少外，年轻大学的机构设置也非常精简，往往集中在某几个学科领域，如浦项科技大学只设立了11个工程与自然科学领域的专业。香港科技大学围绕文、理、工、商4大学科也只是设立了19个专业。康斯坦茨大学也仅仅设立了数学和自然科学、人文社会科学、法学与经济管理3个学院。

通过小规模化发展战略，新兴大学可以集中优势资源发展优势学科。如邓迪大学抓住学校地理位置的优势，结合国家产业发展战略和市场需求，集中力量发展生物化学研究。从20世纪70年代建成至今，邓迪大学的生物化学研究中心已经发展成为世界顶尖的生物化学研究中心，目前拥有来自60个国家的900多名科学家。又如浦项科技大学集中优势力量发展计算机科学、机械工程等工程类学科，短短20余年时间已经发展成为韩国工程实力最强的大学之一。再如德国的乌尔姆大学只设立工程学和计算科学、数学和经济学、自然科学、医学4个学院，并且均处于德国乃至世界一流水平，其中数学和经济学排在全德第1、工程学和计算科学排在全德前5。

## 四、国际化：全球吸纳优秀人才

通过对比《泰晤士高等教育（增刊）》的“世界大学排行榜”中的新兴大学与传统大学，我们发现新兴大学在国际化发展水平上显著优于传统大学，新兴大学的国际教师平均比例达到18.6%，比传统大学高出近5个百分点，国际学生的平均比例为16.6%，比传统大学高出4个百分点。国际化成为新兴大学走向成功的秘诀之一。

新兴大学在创立初期，立足国际化的外部环境，对本校在全球高等教育市场

---

①② 150 Under 50 Rankings 2016：Youthful Universities Use Their Flexibility to Make Amark［EB/OL］. https：//www.timeshighereducation.com/world-university-rankings/150-under-50-rankings-2016-youthful-universities-use-their-flexibility-to-make-a-mark.

中的地位和机遇进行分析，纷纷确立了全球化的发展目标和愿景。如香港科技大学将学校定位为“一所在国际上有深远影响，而又致力于为本地服务的优秀学府”。南洋理工大学将发展目标定位为“快速崛起的全球化研究型大学”。浦项科技大学在学校的发展远景上写道，“培养未来全球的领导者和发现、解决人类面临的巨大挑战”。新兴大学将服务国际化、发展国际化，甚至是成为国际化的佼佼者作为学校办学的使命和目标，成为学校发展战略的指导思想。

为了达成国际化的发展目标，吸引优秀的国际师资和国际学生成为普遍的做法。如浦项科技大学 80%的教师来自国外或具有国外大学博士文凭，从 2010 年开始该校投入了 10 亿韩元招聘了 10 名诺贝尔奖或菲尔茨奖级别的世界级学者，短时间内迅速提升了学校的科研实力。香港科技大学的教师群体中超过 70%来自北美，其余来自英国等其他国家或地区，来自中国香港和大陆高校的教师占总体比例不超过 4%。再如前文提到的邓迪大学生物化学研究中心由世界上 60 多个国家的 900 多名科学家共同参与。在吸引国际优秀教师队伍的同时，新兴大学还注重吸引国际优秀学生，并以此成为提升知名度、获取经费的重要渠道。如澳大利亚新兴大学的 20%经费来源于国际学生。为了吸引国际学生前来就读，新兴大学采取了各种举措，如增加优秀学生奖学金、增加国际学生的招生名额、推进英文课程教材建设等举措增加国际学生的比例等。如浦项科技大学从 2010 年开始启动“英语通用化校园”计划，把英语定为校园正式语言，除了在授课之外，在学位论文、学术研讨会、行政会议、文件发布等方面也逐渐用英语代替韩语。马斯特里赫特大学采用“泛英语课程”吸引国际学生。

## 五、创业型道路：提升竞争力的关键步伐

新兴大学提升竞争力的第一步是发展为以研究为主的大学。为了发展和提升科研实力，新兴大学将创业型道路作为首要的战略选择。

第一，在学校发展的顶层设计上，新兴大学将对接国家和地区的社会需要作为办学的基本宗旨。如香港科技大学在章程中指出：“香港科技大学的办学宗旨是通过教学和研究，促进学术，追求知识，学科以科学技术、工程、管理和商业

为主，协助香港的经济社会发展。"[①] 南洋理工大学在《2015 发展蓝图》中提出了"可持续发展、新丝绸之路、新创意媒体、保健医疗体制科技、创业创新生态模式"[②] 四大巅峰蓝图。华威大学在创校之初就确立了"既适应时代需要，又是一项以学科为中心的事业"的办学理念。

第二，采取"自下而上"创新创业道路。与 MIT 等传统一流大学的"自上而下"的创业型道路不同，新兴大学的创业型道路是"自下而上"的，学校的每一个"细胞"都要积极寻求与外界的联系，基于社会需求确立发展重点，走一条像企业一样需求资金的道路。如南洋理工大学在新加坡努力成为生物医疗技术领域强国的国家战略下大力发展纳米材料、生物保健材料等领域的研究并获得的成功，以及浦项科技大学在韩国推进干细胞研究的战略中建立的全国唯一一个生物科技研究中心、基于浦项制铁集团的需要建立起世界顶尖的钢铁研究中心等。

第三，搭建产学研合作平台，助推研究成果转化，获取多元化资源。搭建产学研一条龙的"生物链"成为普遍的做法，通常包括研发资金部门、应用技术部门、技术转让部门等组成的生物链确保了重点研发项目的资金支持、成果应用和管理、项目商业化。其中创建大学科技园和成果转化公司成为孵化科研成果市场化的主要手段。此外，高校还通过科技成果参股、分红等多种形式鼓励参与科研创新。以南洋理工大学为例，该校 2015 年的参股企业及投资收益就近 4000 千万美元，科研经费为 2.9 亿美元。香港科技大学 2015 年的社会服务收入高达 3.47 亿美元。[③] 最为典型的是华威大学，该校 90%以上的专业都参与到创收的行列中，比较出色的有华威制造工程（WMG）学院、华威商学院、华威科技园、华威园艺中心等，如商学院的经费来源中，12%是科研拨款，另近 50%是研究服务创收。

## 六、追求卓越：现代化的组织文化与治理结构

新兴大学的卓越首先体现在组织文化的建构上，尤以办学理念和办学目标体现得淋漓尽致。新兴大学在办学伊始就将追求卓越视为学校的发展愿景。南洋理

① 香港科技大学章程［EB/OL］. https：//www.ab.ust.hk/ccss/Statutes.htm.

② 乔学斌，陈伟，胡广来. 后发世界一流大学的实践与启示——以南洋理工大学为例［J］. 江苏高教，2014（6）.

③ 南洋理工大学年度发展报告（2016）［EB/OL］. http：//www3.ntu.edu.sg/CorpComms2/AnnualReport/2015/index.html.

工大学的使命和愿景是“致力于科学和技术、通过研究和多学科领域的教育培养顶尖人才的全球著名大学”。洛桑联邦理工学院在最新的院校规划中指出，“到2020年将洛桑理工学院办成全球最好的十所技术大学之一，并且致力于带领整个欧洲高等体系的发展”。马斯特里赫特大学的愿景策略为“立足欧洲、面向世界——创建一个充满竞争的教学和研究、专注创新、能吸引顶尖学者、培养高质量学生的顶尖研究型大学”。

为了保障卓越的组织目标的实现，新兴大学建构了现代化的内部治理机制，主要表现为根据跨学科和应用性导向，以及集中有限资源发展优势学科和重点领域的要求，新兴大学通过建立内聚型的组织模式和扁平化管理方式，促使效率倍增。如以洛桑联邦理工学院为例，学校的最高管理层由1名校长和4名副校长组成，名秘书长和1名负责总顾问协助工作。最高管理层下属5个学院，每个学院由1名院长负责管理工作，其权力和自主权都较大。学院作为学校组织的纵向结构基本承担了学校的科研工作，而教学方面则通过横向结构如部门和项目来实施。此外，跨学科的科研中心，如生物工程和技术中心、神经义肢技术中心等均横跨多个学科，保证了资源的集中和最大化利用。

此外，在办学过程中，新兴大学还通过经费和制度保障卓越的教学和研究行动。在办学条件上，新兴大学追求完善的基础设施、高水平的研究者和精英化的教学，如南洋理工大学2015年的设备折旧费为1.23亿美元，购买图书费用达480万美元，教学研究支出达1.37亿美元等，该校的实验室设备资产高达7.9亿美元。在制度保障上，新兴大学着力提升教师的卓越教学和研究水平，除了上文提到的组织机构保障外，新兴大学还设立促进卓越发展项目和奖励等举措推动教师的卓越发展。以香港科技大学的教学发展为例，学校构建了一个包括学校与专业、课上与课下的立体式教学发展项目，并且每年派出大量的教师参加教学互访活动；以及年度优秀教学奖和优秀教师奖励基金项目等。再如南洋理工大学通过设立巨额学术奖励鼓励教师追求高水平学术研究，其中2015年的学术奖励就高达9800万美元。通过以上种种举措，营造了教师竞争和追求卓越的校园文化。

# 第三节　新兴大学的理论基础

## 一、组织变革与转型：来自制度学的阐释

大学是一个制度化的组织，它深深地嵌在一定的社会环境中。在近千年的演化中，大学为了适应环境，不断地进行变革。尤其是进入 21 世纪以来，人类社会进入了变革时代，高等教育在面对日益复杂和不断变革的环境过程中，承受着巨大的挑战。詹姆斯·杜德斯达指出：

我们的社会正在发生深远而迅速的变化，作为社会教育机构的大学，如果还要继续为后世服务，就要对此作出相应的变革。

事实上，大学组织变革无处不在，它们有时会发生急剧的变革，有时只是渐进的演化。究其本质而言，大学组织变革是指大学内部结构和组织制度的变革，而制度恰恰是制度学研究的核心议题，从制度变革的角度解释新兴大学的出现与发展，其实质是对大学在面对不断变革的制度环境中如何实现内部结构的调整并使其显性化。

### （一）制度学的本质——对组织制度合法性变革的研究

制度学始于多门学科的研究领域，如政治学的制度研究始于对统治体系的机构研究[①]、经济学的制度研究始于仪式体系与工具体系关系的协调[②]等。从 20 世纪后叶开始，制度学逐渐成为研究制度变革和组织变革的重要学科派别，建立了一个超越各个学科和领域的分析框架。

遵从各个学科领域的研究规则，关于制度的研究五花八门，但是所遵循的一个核心议题是制度如何变革的问题。判断制度变革是否成功的标志，是制度的合法性问题。就此来看，经济学的新制度主义学派形成了按照“结构—效用”来判

---

① B.盖伊·彼得斯. 政治科学中的制度理论［M］. 上海人民出版社，2016：4.

② 张林. 新制度主义［M］. 经济日报出版社，2004：4.

断制度是否合理及其变革的主导哲学，政治学的新制度主义学派认为制度的变革就是要创造具有适应性和规范性结构的组织和制度，社会学在总结了前面两个学科关于制度研究的基础上，将制度化视为一种追求规制、规范和文化——认知的过程，即制度化的过程不仅是组织在各种正式规则影响下的调试，同时也包括符合传统、角色等提供“共同意义”的象征系统的规范，以及塑造一套符合文化和价值的认知模式和道德模板。

按照社会学新制度主义的解释框架，组织不断进行制度变革的根本目的不仅在于符合法律和政策等正式规则的要求，达成形式上的合法性，更加在于符合普遍规范、价值和信念体系等，实现实质合法。诚如斯科特所言：

在制度化的早期阶段，组织对于某种新形式的采纳，是出于它们各种特殊的需要与利益选择。而随着制度化过程的进行，规范要求与文化要求日益积累，并达到采纳某种新的组织形式已经是组织必备的前提这样的程度。①

在社会学的制度框架下，组织实现合法性的动力机制有三种，即强制机制、模仿机制和规范机制。强制机制是指迫使组织必须无条件接受的制度环境的作用，如国家的法律、法令对组织的作用。在强制机制作用下，组织对制度环境无能为力，只能被动接受，其结果只能走向趋同。模仿机制是指组织向系统中的成功组织学习，学习成功组织的内部结构、外部形态和战略目标。模仿机制的一个重要条件是组织环境的不确定性。在一个不确定的环境中，组织由于目标模糊，不知所从，为了减少组织动荡，就模仿那些成功的组织。与强制机制相比，模仿机制中组织行为的自觉性和主动性更强一些，往往是为了获得更多的外部资源而采取的自觉行动。社会规范机制简单地说，就是通过长期的训练，使组织中的成员拥有共同的思维和共同的观念，人类学家道格拉斯把这种观念称为“共享观念”。正是因为组织内存在着这种共享观念，并且成为社会规范，才导致组织的合法性。

### （二）新兴大学：大学组织的合法性变革

在社会学新制度主义的框架下来分析新兴大学的发展，表明新兴大学的出现既要坚持国家教育政策和管理规定，同时还需要坚守大学的理想与使命，并且结

① W.理查德·斯科特. 制度与组织——思想观念与物质利益［M］. 中国人民大学出版社，2010：171.

合时代和环境的需要，在新的大学文化和认知基础上实现组织与制度的创新。新兴大学的出现是大学变革的结果，而大学的变革在社会学新制度主义的框架下主要有三种解释视角：

第一，大学变革的同构性理论。同构性理论强调大学的组织变革必须与环境变迁的方式相一致，即大学的变革是因为受到环境的挑战，其中政治文化是主导部分。要实现生存，形成合法性机制，需要大学建立适应外部环境和社会结构的组织制度，达成同构，这就是所谓的合法性强制性同构。强制性同构主要是源于大学所面临的正式和非正式压力。这个压力要么是政府给予大学的，要么是大学所依赖生存的社会环境所给予的。根据同构性理论，无论是发达国家还是发展中国家，高等教育机构为了应对不断变革的外部环境，都会吸收新的标准和组织基模，来进行高等教育系统的变革和重组，大学组织变革在相同的环境压力下，组织的同构过程，反映的是大学组织变革的同质化趋势。① 同构理论强调的是自上而下的宏观过程，强调在政策空间下的可能条件。在这一过程中，大学转型及其变革取得合法性的关键在于符合外部环境，尤其是政策框架的标准和要求。

第二，大学变革的分化理论。分化理论强调，大学变革不受特定的国家文化和制度的影响，组织自身的文化遗产也会塑造它们对当前变革和挑战的应对方式，大学的变革是大学对环境能动的应对过程，会出现不同的大学变革形式和类型。② 可见，分化理论强调在大的环境影响下，不同的组织有不同的、多样的反应。分化理论强调组织中的行动者感知和理解活动导致不同的反应和结果。首先，分化理论承认在同构压力下，会发生组织变革，但是变革需要根据组织文化、行动和目的的知识意境来进行转化。其次，认为制度扩散掌握在行动者手中，行动者可以部分地改变、操控、选择或抛弃，以和他们行动情境中的文化相结合。分化理论中最具影响力的一种理论是文化——认知理论，又称范式论。范式论认为，大学组织变革是大学范式的转化，是大学核心信仰和价值体系的转变。③ 因此，大

---

① Massimiliano, Vaira. Globalization and Higher Education Organization Change: A Framework for Analysis[J]. Higher Education, 2004 (48): 491-493.

② Stromquist, N.P.& Monkman, K. Globalization and Education: Integration and Contestation across Culture [M]. New York: Rowman & Littlefield Publisher Inc., 2000a: 142.

③ Hasan Simsek, Karren Seashore Louis. Organization Change as Paradigm Shif-analysis of the Change Process in a Large Public University [J]. The Journal of Higher Education, 1994, 65 (6): 671-672.

学的组织变革所涉及的不仅仅是制度化的规则要素，即各种政策和法律等正式体制框架的压力，更是一种对大学组织规范和文化认知的改变。

第三，大学变革的同质异形理论。在组织制度的研究中，同质异形特指尽管组织根据它们的正式结构和社会背景来适应和改变组织类型，但仍有可能归纳出一种共同的组织类型，或者制度模型。① 大学变革的同质异形论认为，大学的组织变革虽存在不同的表现形式，但是可以归纳出相同的组织变革类型，这是一个同质异形的过程。比如，伯顿·克拉克在《大学的持续变革——创业型大学新案例和新概念》一书中呈现了欧洲 4 所和其他洲 4 所大学的案例，这些大学在面临不同的国家和社会情景时，采取了不同的改革途径，但是它们的改革都清晰地体现了组织重组时体现出的共同的组织类型，即创业型组织基模。根据该理论，尽管创立创业型大学是大学组织变革中的重要趋势，但是不同的国家也存在差异，这是因为大学离不开传统理念和本土文化的制衡，毕竟西方大学变革的路径选择中，传统文化与经典理念作为一股强大的潜在制衡力量影响着现实路径的选择和成功。

按照以上三种理论，我们可以对新兴大学的出现作出一些制度梳理，并形成一些分析框架。新兴大学在发展的过程中既要对传统欧美世界一流大学进行模仿，实现组织和制度同构，同时也遵从各个国家和地区及其高等教育环境的文化和理念要求，呈现一定的差异性。作为后发高等教育国家，或是后发型高等教育机构，要实现跨越式发展，新兴大学形成的基本路径主要有以下三种模式。

第一，强制性趋同与制度同构模式。大学组织采取何种行动，取决于它所依赖的政府及其社会文化所期待施加的正式和非正式压力。对于后发型大学而言，组织变迁的压力来源之一就是政府对高等教育发展的政策和法令要求。尤其是后发型国家发展高等教育的哲学基础是功利主义的，因此，大学唯有积极满足政府和社会的需求才能符合政府的政策意愿，也才能获得更多的资源供给。就此来看，大学要获得发展，选择国家和社会的重大战略需求是其发展之道。政府为了应对外部环境的挑战，在大学的创新和发展过程中都起到了主导作用，大学的变革呈现出一种自上而下的特征。正如迈耶和罗恩所言“随着理性化国家和其他大

① Massimiliano, Vaira. Globalization and Higher Education Organization Change: A Framework for Analysis[J]. Higher Education, 2004 (48): 491-493.

的理性组织把它们的支配扩展到社会生活的更多领域时，组织结构就会越来越体现国家的制度化和合法化的规则”。①

第二，模仿性趋同与同质异形。在高等教育领域，后发型大学的模仿比比皆是。尤其是后发型大学中的新兴大学在发展的过程中都会选择一所欧美世界一流大学为样板。一般而言，组织都会倾向模仿本领域中的相同组织，它们认为这些组织更合法或者更加成功，这是基标法或同型比较法的理论基础。因此，后发型在选择模仿对象时，一般会选择在本领域内的佼佼者，如香港科技大学在创立之初模仿麻省理工学院，南洋理工大学以斯坦福大学为样板等，而香港科技大学和南洋理工大学之所以选择麻省理工学院和斯坦福大学为样本，还在于这些大学均属于盎格鲁—撒克逊体系，这个体系一个重要的特点就是政治系统与学术系统的分离，学术自由和学术自治是基本的价值取向。就此逻辑来看，后发型大学选择的模仿对象是在其组织所处的社会文化基本保持一致，在模仿的过程中学习世界一流大学的治理模式等经验，但是遵从不同国家和地区的需要，对大学的部分生存方式实施变革，实现同质异形，促进大学的短期高速发展。

第三，规范性趋同性和范式分化。教学、研究和社会服务是大学的三项基本职能，也是大学之所以为大学的历史使命和责任。无论哪个国家的大学都必须遵从这三个基本职能及其主导哲学来发展。但是每个国家的大学根据其特殊的国情以及高等教育的发展历史，即在路径依赖的基础上，大学的发展过程中往往又会呈现多元化的形式，如英国大学在发展的过程中兼具传统大学与多科技术学院并存的形式，德国大学重视应用技术大学的发展，法国高等教育系统中大学处于高等教育的顶端等。就此来看，后发型大学在追求跨越式发展的过程中，在坚守大学的历史传统和核心使命的过程中，对大学的组织形式，尤其是知识生产的模式可以采用不同的战略设计，实现共同使命、本土继承、过去要素的结合。

## 二、知识生产与突破：来自教育学的视角

高等教育赖以存在的基础是知识，但是大学并不是生产知识的唯一部门，甚至在历史发展的某个时刻，知识的创新与大学形同陌路。然而，知识生产一旦进

---

① 张永红. 组织社会学的新制度主义学派［M］. 上海人民出版社，2007：29.

入大学的范畴之后，便成为大学发展的永动机，成为大学与外界联系的桥梁，成为大学安身立命的关键。随着社会发展的不断进步，大学的知识创新活动形式也在不断地发生变化，这种变化不仅驱动着大学的知识生产模式的变革，更为重要的是对大学的组织结构也产生着冲击，变革着当代大学的存在形式。

**（一）科学研究的分类与大学发展**

科学研究分类模型是制定科学政策的理论基础①，也是大学突破自我，寻求知识创新形式的依据。第二次世界大战期间，时任美国科学研究发展局局长万尼瓦尔·布什主持并发布了《科学——永无止境的前沿》，提出政府应该对基础研究大力支持，进而形成政府的科学政策。与强调国家在科学研究中的重要作用相比，报告提出的基础科学和技术创新之间的“布什线性”模式具有里程碑的意义。报告认为，基础研究是一切知识的来源，基础科学的重要性体现在“基础研究将导致出新的知识，它提供科学上的资本……基础研究已经成为技术进步的带路人，这比以往任何时候都更加明确”。② 在布什报告出现后到 20 世纪 60 年代末期，“基础研究—应用研究—开发—生产”的一维线性动态模式的科技发展政策或模式成为科技政策的主基调。这一模式，是决定科技创新体系的一个理论基础，即从基础研究到市场产品的单向一维运动。

随着新的经济形态和科学技术的发展，知识发现与技术创新之间，基础科学与应用科学之间的关系已经发生巨变，科技创新的线性模式已经无法诠释这种变化，不断遭受着各种批判，并在实践中不断遭受挑战。1999 年，来自美国普林斯顿大学的斯托克斯（Navier Stokes）根据科学研究是否“追求基本认识”和是否有“应用考虑”，把科学研究划分为带有单元或象限的四重图，即巴斯德象限（见表 2–1）。

**表 2–1　科学研究分类的巴斯德象限模式**

| 研究的起因 | | 以实际应用为目标 | |
|---|---|---|---|
| | | 否 | 是 |
| 以追求基本认知为目标 | 是 | 纯基础研究（玻尔） | 应用激发的基础研究（巴斯德） |
| | 否 | 技能训练或经验整理（皮特森） | 纯应用研究（爱迪生） |

① 童夏雨. 应用技术大学的概念内涵、基本特征及建设路径［J］. 中国职业技术教育，2016（12）.
② V. 布什. 科学——没有止境的前沿［M］. 范岱年等译. 商务印书馆，2005：12.

左上角象限表示在认知需求引导下的且无实际应用考虑的研究，可称之为“纯基础的研究”或“好奇心驱动的研究”，典型的如尼尔斯·玻尔（Niels Henrik David Bohr）的研究，尤其是其对原子结构模型的研究，是一种纯粹、不带任何功利目的的自由发现。右上角象限的研究，既有扩展知识的目的，又有应用的目标，可被称为“应用激发的研究”或“以应用为导向的基础研究”，典型的如19世纪法国科学家巴斯德对发酵问题的研究，该研究是微生物方面的基础研究，却对酿酒业、造醋业等领域产生了重要影响，这类研究是“实实在在的研究”，重视研究工作的社会效益和经济效益。左下角的研究既不追求基本认知，也不具有应用目的，如对某种特殊现象的系统性研究——既不考虑一般的解释目的，也不考虑结果的实际应用，斯托克斯称之为皮特森象限。右下角的研究只追求应用目的，而不管“所以然”，不试图寻找科学现象全面而又深入的认识，如爱迪生的发明。

在巴斯德象限的研究基础上，又有许多学者做了进一步的研究，提出了非常有见地的理论框架，其中最著名的是拉坦（Vernon W. Ruttan）的研究分类法。[①] 拉坦将研究分为应用研究和工业资助的技术开发、应用激发的基础研究、政府资助的应用研究和技术开发、好奇心驱动的基础研究四个象限。

巴斯德象限及其相关研究告诉我们，科学与技术之间、产学研之间的关系是错综复杂的，科技政策单纯强调某一方面都是不适合的。尤其是在社会经济通过技术开发的需求日益明显的情景下，基础研究的不确定性、长期性的弊端日益显露。结合人类开发自然的能力日益增强，所面临的问题也愈加复杂，由此人们越来越以问题为导向来进行决策，未雨绸缪的高瞻远瞩常常让位于急功近利的“好高骛远”。或者说，人类更加关注自身的体验和感受，把更多的精力投入到各种社会的、经济的、健康的问题解决上，科技发展更多的要关注社会的需要。

然而，到底是基础研究投入多一点，还是在一些应用性的技术创新上投入多一点，是与具体的国情和区域发展相关的。在发展中国家或是一些追赶型的城市发展过程中，更多地关注应用型技术的发展，重点在于提升工业、城市的发展水

① Vernon W. Ruttan. Technology, Growth and Development: An Induced Innovation Perspective [M]. New York: Oxford University Press, 2001: 90.

平，因此往往更加注重应用研究，在基础研究的投入必然是少的，这在亚洲“四小龙”追赶发达国家的经验中就能充分体现。相比而言，发达国家或是发达地区往往注重在大量的基础研究或纯研究上进行投入，以此占领科技前沿（见图2–1）。

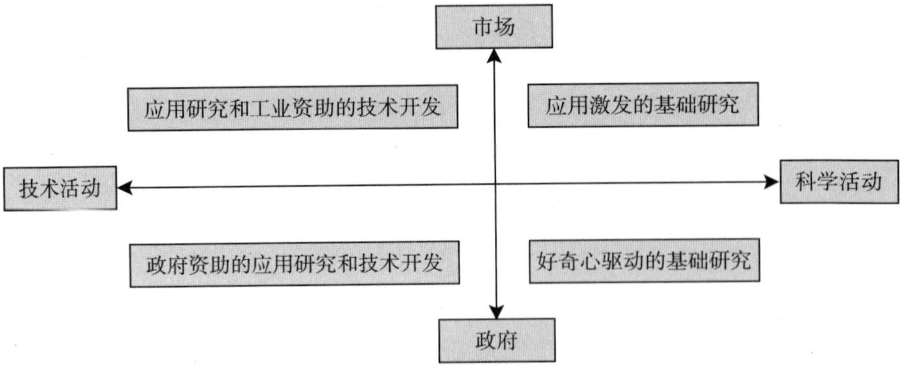


**图 2–1　拉坦的科学研究四分类**

巴斯德象限的理论运用到高等教育领域，可以得出以下分析结论：作为知识生产的大学，可以创新知识生产的多种形式，大学在追求基础研究“纯粹性”的同时，应该注重基础研究与应用研究的结合，或者说在注重解决社会需求的经世致用理念中可以获得新的发展良机。两次学术革命①所彰显出来的就是大学在创新创业时代所应作出改变的经典概括。这两次革命，使得部分大学摆脱了远离“世俗”的“象牙塔”形象，从社会发展的边缘机构逐步走向社会发展的中心，诚如弗莱克斯纳所言，大学要在学术自由的基础上，进行学术创造、科学研究，并主动服务社会。从大学发展的生命周期来看，新兴大学的发生发展，是大学发展历程中的一个历史阶段，是与大学知识创新的形式走向多样化密不可分的。

**（二）知识生产模式Ⅰ到知识生产模式Ⅱ**

知识生产模式的概念始于吉本斯等的研究。在1994年出版的《知识生产的新模式》中，吉本斯提出了知识生产的模式Ⅰ和知识生产模式Ⅱ。

在知识生产模式Ⅰ中，设置和解决问题的情景主要受到学术兴趣所主导，满

① 第一次学术革命是发生在19世纪初期，以柏林大学为标志的研究型大学的产生，第二次学术革命是以20世纪中后期创业型大学的出现为标志。

足学者的“闲逸好奇”，知识生产基于单一学科内部，是根据学科自身发展逻辑而提出并界定的，研究所获得成果也由学科精英自身进行评价，主要考虑对学科的贡献，知识生产在组织上具有同质性和等级制特征。在知识生产的模式Ⅱ中，知识生产则是在一种应用的情景中进行的，知识生产基于跨学科，以实践应用为导向，所研究的问题并不是单一学科内的知识积累，其成果评价遵循多元评价标准，特别是社会经济效益和适应性，知识生产在组织上具有异质性和非等级化的特征。

吉本斯指出，模式Ⅱ具有以下特征①：

第一，应用情景。在模式Ⅱ中，知识的生产大多基于应用的情景，是更大范围的多种因素作用的结果。知识生产过程中始终面临不同生产主体或利益相关者之间的协商、谈判，使得各参与者的利益都被兼顾。应用情景可以被视为知识生产模式Ⅱ的逻辑起点。

第二，跨学科。模式Ⅱ中，知识的生产是跨学科的，生产者来自不同学科领域，糅合、利用不同学科知识解决一个实际问题，在不断发展的过程中寻求科学的突破和发现。

第三，异质性与组织多样性。模式Ⅱ中解决问题的团队是灵活多样的，成员构成会随着需求的改变而不断改变，知识创造的场所也是多元的，知识生产组织和团队都是临时性的，会随着问题的解决而解散，但这种组织和沟通的形式却作为一个矩阵持续存在。

第四，社会问责与反思性。这类知识生产是对大学、社会等利益相关者负责，并且要在不断反思的基础上改进。

第五，添加了其他更广泛的评价标准，这套标准是一种更加综合的、多维度的质量控制。

模式Ⅰ和模式Ⅱ的差异也可以用“单价知识”和“多价知识”相区别：前者认为知识生产和扩散的方向遵循从基础研究到应用研究再到技术创新的产业化的线性单向发展（所谓的布什线性），其间各主体分担不同阶段性任务，理论的、

① 迈克尔·吉本斯等. 知识生产的新模式——当代社会科学与研究的动力学［M］. 陈洪捷等译. 北京大学出版社，2011：89–95.

实践的、产业化的过程，环节之间是相互割裂的。后者认为应用研究与开发研究更可能与基础研究同步进行，以“多价”形式出现的新知识具有理论性、实践性、跨学科、可商业化和公开的特点。在这种知识生产模式下，研究者逐渐与学术共同体外的其他主体合作并实现角色转变和融合，超越了时间和空间的界限。[①]可见，模式Ⅱ更加强调知识生产的统一性和多样性，作为知识创造的大学，不仅应该创新知识，同时应该与其他的知识主体一起从事知识的应用、共享、商业化等，而三螺旋理论则恰恰把握了这一问题的本质。

三螺旋理论对知识创新的模式转变及其环境变迁做了经典描述。在三螺旋的理论中，知识生产的动力机制演变经历了“单/双螺旋、三螺旋”的阶段，单螺旋对应的知识生产就是上文所言的模式Ⅰ，三螺旋对应的知识生产就是模式Ⅱ。

三螺旋理论是美国学者埃兹科威茨和荷兰学者雷德斯多夫共同提出的。该理论认为大学、政府、企业三股力量形成一种螺旋关系，三者抱在一起，相互促进，螺旋上升。在此过程中，三个主体既保留了传统的功能和独特的身份，又扩充了自己发挥作用的“螺旋线”并实现一种动态平衡，从而能在更大程度上改进创新条件，提升创新效率。大学是这个螺旋创新系统中的关键一员，大学因为其具有理论研究、技术实践和发展具有商业化潜力的能力，因此大学在螺旋中起到了驱动推动的作用。[②]在三螺旋驱动的背景下，大学的组织结构发生了变化，大学知识转化办公室、知识产权管理机构、研发公司、创业公司等组织机构也相继诞生，更多的社会资本涌入大学，为知识生产注入了活力，为知识、区域经济、创新添加了黏合剂，提高了知识产能。

伴随着参与知识创新主体的愈加多元化，卡拉亚尼斯基于对三螺旋的不断创新，提出了基于四螺旋的知识生产模式Ⅲ。知识生产模式Ⅲ的提出，试图实现：①突破人为设置的基础科学、应用科学隔阂，打破同质性、等级性知识垄断，从学科背景中抽取知识元素，根据问题设置解决方案，重新组合成“多层次、多节点、多形态、多主体”的多维聚合型知识群，营造不规则研究、教育和创新生态系统。②应对当下固化学科知识难以解决的、发达经济体及发展中经济体所共同

① 吴伟. 面向创业时代的研究型大学转型发展研究［M］. 人民出版社，2014：28.

② 黄瑶，王铭. “三螺旋”到“四螺旋”：知识生产模式的动力机制演变［J］. 教育发展研究，2018（1）.

面对的，愈加严重的资源匮乏和激烈竞争，破解环境生态、医学健康、高科技发展、冲突与文明、全球化和本土化等重大问题。通过引入公共组织、社会力量参与公共事务，减少等级、族群、文化认同等冲突和裂变，以“多元性”“异质性”“区域性”特点，淡化已有的结构化特征，逐步寻找权力多极下的平衡，形成创新触发机制、持续性竞争优势与社会繁荣的驱动力。①

无论是三螺旋还是四螺旋，其本质都是对知识生产模式动力机制的不断变革，是衡量科学研究的质量标准从依赖于学术自身的规范到集中于解决具体的问题上，研究工作更多的是考虑现实的问题和需要，以促进产业、经济和社会发展为目的。就此来看，大学的科学研究呈现出一幅新图景，大学的知识生产和创新的模式都发生了本质的变化。

目前，创建世界一流大学已经成为世界各国的普遍行动。但是在此过程中，后发型国家的后发型大学往往过多地集中于传统世界一流大学的经验，尤其是试图复制其基础研究的经验，试图予以突破，奠定大学的科研实力，从而达到一流大学的水平。从知识生产模式的变革路径来看，要实现对传统大学的超越，其路径是多元的。传统世界一流大学由于在基础研究的设施建设、知识积累等方面已经形成了一定的优势，短时间难以超越。而围绕社会、政府、企业需要的应用研究则对历史储备的要求较低，且更容易出成果，在短时间彰显度更易于凸显。

---

① Elias G. Carayannis，David F. J. Campbell. Mode 3 Knowledge Production in Quadruple Helix Innovation System [M]. New York：Springer Science+ Business Media，2012：1-3.

# 新兴大学的形成与发展 第三章

在过去八个世纪西方高等教育史得到的一个教训是，在各个机构的生活中，传统是一个巨大的力量。虽然它确实有了让步，但却是勉强让步的。因此，通过建立新的机构，改革比较容易进行。改革高等教育系统要比改革高等教育内部的个别结构容易。①

——克拉克·克尔

新兴大学的形成与发展本质上是组织与环境的关系变革。对于组织和环境的关系，新制度主义学派对此有着深刻的认识。新制度学派认为，组织生存和变革会面对两种不同的环境：技术环境和制度环境。这两个环境对组织的要求是不一样的，技术环境要求组织有效率，即按照最大化原则组织生产。组织同时生活在制度中，是制度化的组织。组织的制度化过程是组织不断接受和采纳外界公认或赞许的形式、做法或“社会事实”的过程，即达到“合法化”。本章将借助新制度主义的分析框架，首先，从新兴大学的外部制度环境入手，分析新兴大学何以契合制度的要求，实现身份的合法性。其次，在身份满足制度规则时，新兴大学又是如何从内部环境入手，实现技术环境的优化，达成最佳“理性”状态。

① 克拉克·克尔. 高等教育不能回避的历史——21 世纪的问题［M］. 浙江教育出版社，2001：60.

# 第一节　新兴大学发展的外部环境

本节主要从经济、社会、政治三个维度分析新兴大学诞生的外部环境。

## 一、新兴大学发展的经济之维

第二次世界大战后，欧美国家纷纷进入重建时期，尤其是深受战争重创的英、法、德等国家。正如埃德蒙·金（Edmund J. King）的经典描述："两次世界大战的惊人消耗以及后来所负的债务使得英国一贫如洗。为了偿还战债，海外的巨额投资也落入别人腰包。从前的附属国的解放，国外竞争性的现代工业的崛起，以及技术革新和军事实力中心的转移，使得英国有一阵子看上去就像一个解甲归田而囊空如洗的武士一样。"① 为了恢复和发展经济，英国政府将集体经济学和凯恩斯主义经济学相结合，放弃第二次世界大战前盛行的马歇尔均衡理论，"以国家干预的需求管理代替自由放任，以实现经济的充分就业、价格稳定、经济增长和国际收支四大目标，从而实现了第二次世界大战后英国宏观经济政策的调整"。② 1951 年，丘吉尔政府重新执政后，国有化政策、福利政策和充分就业的政策，形成战后英国著名的"共识政治"，又称"中间道路"或"凯恩斯主义社会民主共识"。

受凯恩斯主义的影响，实行国家干预政策，英国通过实行国有化和建立福利国家两个途径实现全民的社会经济改革。在战后的五年时间里，政府将煤矿业、燃气、电力、交通、钢铁和英格兰银行等逐步国有。此外，政府还大力推行福利政策，涉及民众生活的方方面面，就业保持稳定，经济稳定的增长。国有化政策是战后的一个大势所趋，第二次世界大战给英国民众两个重要的认识，一个是中央计划制定的意义，另一个是科学技术的威力。③

① 埃德蒙·金. 别国的学校和我们的学校——今日比较教育［M］. 人民教育出版社，2001：199.
② 毛锐. 撒切尔政府经济与社会政策研究［M］. 山东人民出版社，2014：2.
③ 梁淑红. 利益的博弈——战后英国高等教育政策的制定过程研究［M］. 光明日报出版社，2013：27.

第二次世界大战中，英国目睹了高科技在战争中的作用，对科学技术的推崇成为战后英国的时代特征，“第二次世界大战的经验教训开创了信仰科学和技术的新时代。在人民心目中，科学和技术已成为解决重大问题和完成重大使命的魔杖，科学告诉你能做什么，技术则告诉你如何去做。科学和技术的结合，形成了一种不可抗拒的力量，即体现为物质力量的新思想的力量”。[①] 所以，从民间到政府都相信，在工业化时代，高级技术人才是对国家危亡和经济发展至关重要的因素。只有发展科学技术教育，培养更多高级的科技人才，英国才能立于不败之地。

除了英国外，法国在第二次世界大战后的经济恢复发展中，依托国家计划经济的指导思想，迎来了战后经济发展“光辉的 30 年”。1946 年，以莫内为首的国家计划经济委员会制定了全国性的经济发展计划，为法国经济发展提供了经济增长的动力。[②] 进入第二个国家经济发展计划（1954~1957 年）时，法国将提高劳动生产率作为主要指导方针，并第一次将科学技术研究和教育纳入发展计划。进入第五共和国时期（1958 年），在最初的 15 年时间里（1959~1973 年），法国社会经济持续发展，国内生产总值翻一番。这一时期，科技革命、国有化和计划经济成为法国经济发展的主要动力。法国依托科技创新，引发了一批新兴产业和第三产业的迅速发展，对科技人才的培养需求也进入旺盛期。

同样的情况在德国等欧洲国家也相继出现，即依托对经济的宏观调控恢复国家经济，再通过科技发展提升经济发展的质量。这一发展过程，一方面对大量的科技人才产生了极大的需求；另一方面进一步促进了科技创新的发展水平。

在欧洲经济经历了 20 世纪 50 年代的辉煌期后，20 世纪 60 年代迎来了亚洲发展的高速期。以中国香港、中国台湾、韩国、新加坡为代表的国家和地区成为世界经济发展的一个奇迹。尤其是进入 20 世纪 80 年代以后，这些国家进入经济的转型期，开始由劳动密集型进入技术密集型、由加工制造业进入技术创新阶段。转型期对高技能人才、高端研发人才以及高技术创新成果提出了大量的要求，引发这些国家高度重视技术人才，并着手对科技创新和人才培养体系进行改革。

---

① 桑德森. 最新英国剖析［M］. 中国社会科学出版社，1988：259.

② 黄福涛. 外国高等教育史（第二版）［M］. 上海教育出版社，2008：206.

## 二、新兴大学发展的社会之维

“在高等教育领域，非理性的政治统治着专业人员和环境”。[①] 在第二次世界大战之前，大学一直远离社会，成为自给自足的象牙塔。活跃在这个象牙塔中的是社会特权阶层，其培养的对象是绅士，他们依靠对大学的掌控固化社会地位和收益。“作为一个精英机构，一部大学史既是培养精英的历史，也是追逐精英的历史。”[②] 然而，随着世界历史发展进入关注公平和民主时代，大学在不断走向职能多样化的过程中，逐渐成为功利主义者扩张的舞台。“在功利主义者看来，衡量学术的标准不在于它们究竟有多大的‘纯学术性’，而是看它们究竟能解决多少现实问题。”[③] 于功利而言，大学的发展遵守的主导哲学之一便是“政治论”。因此，国家对政治进程的改革从某种意义上同样决定了新兴大学的发展。

1942 年，牛津大学经济学家贝弗里奇勋爵向英国政府提交了《社会保险与相关服务报告书》，即《贝弗里奇报告》，拉开了战后英国福利政策的序幕。以此报告为基础，战后英国相继出台了《国民救助法》《国民卫生保健服务法》《家庭补助法》《国民保险法》等，在这些方案的作用下，英国建立了从出生到死亡的社会福利制度。英国政府推进福利政策的核心原则包括：充分就业；公民的最低生活保障；平等和免费的医疗和教育；政府的充分责任。[④] 与其说这是福利制度，不如说这是国家对社会资源的再分配，通过立法形式扩大公共产品的范畴，用格伦内斯特的话来说，构成了“英国现代史上一个最具连贯性、延续时间最长的制度性遗产”，它们“代表了一系列能为当代人所理解并反映国家独特价值观，也体现了当时强大的利益群体之间达成的种种妥协”。[⑤] 在此背景下，高等教育成为社会政治和民生改革的重要领域，社会民众越来越关注高等教育入学机会的社会分配问题。桑德森在关注英国高等教育二元制时指出，英国扩展高等教育机构规模的主要原因在于：高等教育的供给日益成为政治议题；战争后期孩子的出生率膨胀；罗宾斯委员会希望调整社会阶层的入学机会问题；弥补人口统计与社会差

① 伯顿·克拉克. 高等教育新论［M］. 浙江大学出版社，2000：51.
② 王建华. 大学理想与精英教育［J］. 清华大学教育研究，2010（8）.
③ 柯佑祥. 理性主义、功利主义对现代高等教育发展的影响［J］. 高等教育研究，2008（3）.
④ 周建明. 社会政策：欧洲的启示与对中国的挑战［M］. 上海社会科学院出版社，2005：57.
⑤ 霍华德·格伦内斯特. 英国社会政策论文集［M］. 商务印书馆，2003：6–7.

别；高等教育与经济增长存在的必然联系。[①]

除了英国外，德国、法国等国家也纷纷向福利国家转型。德国在 1949 年颁布了《社会保障法》，又先后修订了《失业保险法》《农民老年救济法》《联邦住房补贴法》等。1969~1973 年，德国社会民主党上台执政，根据其在哥德斯堡召开的特别大会上通过的《德国社会民主党纲领》中的社会福利原则，也制定颁布了《联邦教育法》《劳动促进法》《职业培训法》等，实现了德国社会保险与社会福利发展的目标。以上一揽子政策，有效促进了德国向现代福利国家转型，并呈现出以下几个特点：首先，政策的对象从原先的工人群体转变为全体公民；其次，更加注重大学生的资助以及退休者的利益。[②] 从德国的政策来说，无论是涉及高等教育受教育群体的利益保护，还是社会培训机会的普及化，高等教育的扩张必然成为国家福利政策的关照点。

## 三、新兴大学发展的政治之维

从 20 世纪 50 年代开始到 70 年代初期，以西欧社会为代表的发达国家呈现出一些共同特点：经济高速发展、工人阶级队伍庞大、冷战格局中形成的极化政治文化环境，[③] 尤其是社会民主党改良主义的施政理念和政策的实施，改变了这些国家的政治环境和进程，并且对高等教育的发展产生了深远的影响。

以英国来看，在 1945 年的大选中，以艾德礼为首的英国工党提出具体化的福利国家建设政策，一举战胜丘吉尔领导的保守党。虽然此后丘吉尔及其代表的保守党再次上台，但是工党在 1964 年重新登台，并且相继赢得了 1966 年、1974 年、1976 年选举的胜利，一直执政到 1979 年。再以法国来看，法国社会党在第二次世界大战后先后参加过戴高乐领导的临时政府，还与法共、人民共和党组织过三党联合政府，法国社会党在第四共和国时期也是参加联合执政的主要政党之一。从 20 世纪 70 年代开始，法国社会党通过建立左翼联盟实现了成功的崛起，成为左翼第一大党，并相继赢得法国总统位置，创下执政 14 年的历史纪录。再

---

① Michael Sanderson. The Universities and British Industry1850–1970 ［M］ .London Routledge & Kegan Paul，1973：360–363.

② 周建明. 社会政策：欧洲的启示与对中国的挑战 ［M］. 上海社会科学院出版社，2005：67.

③ 斯图亚特·汤普森. 社会民主主义的困境：思想意识、治理与全球化 ［M］. 贺和风、朱艳圣译. 重庆出版社，2008：41.

看德国，社会民主党在20世纪60年代公开参加联盟党领导的“联合政府”，开始建设性地从反对党向执政党转变。到了20世纪60年代中后期，德国社会民主党成为政府的主角，开始在德国政坛取得主导地位。伴随着西欧国家社会民主党登上历史舞台，并成为执政党，社会民主主义成为影响欧洲社会的政治思潮并深刻影响各国的政治改革。

社会民主主义是一个具有时代意义的概念，它因时代发展的不同而具有不同的内涵。因此，学者们对社会民主主义的理论起源界定不一，它“几乎囊括了所有反对资本主义的力量和这些力量对未来社会的不同主张”。[①] 社会民主主义最初起源于19世纪40年代，在1848年的欧洲革命时期，以赖得律·洛兰（Alexandre-Auguste Ledru）为首的小资产阶级民主派联合路易·勃朗为首的无产阶级社会主义者成立了世界上第一个社会民主主义党——新山岳党。[②] 对于这一时期的社会民主派，马克思一针见血地指出了其特殊性质：“表现在它要求民主共和制并不是为了消灭两极——资本和雇佣劳动，而是为了缓和资本和雇佣劳动间的对抗并使之变得协调起来。无论他们提出什么办法来达到这个目标，无论目标本身涂上的革命颜色是淡是浓，其实质始终是一样的：以民主主义的方法来改造社会，但是这种改造始终不超出小资产阶级的范围。”[③] 这一时期的社会民主主义只是为了通过社会民主共和国或社会民主主义的空话来欺骗工人，掩盖自己的特殊利益。在第一国际和第二国际期间，欧洲各国无产阶级为了借助社会民主党的力量开展运动，导致社会民主主义成为工人运动的主要口号，社会民主主义的内容也开始向科学社会主义靠近。19世纪末期，社会民主主义受到资产阶级影响，迷恋上了合法主义、改良主义等道路，社会民主主义出现分流和蜕变。两次世界大战期间，社会党开始把民主社会主义当作社会民主主义的同义词使用，以强调他们的社会主义是民主的，有别于集权主义、修正主义。第二次世界大战后，各国社会党组织于1951年在法兰克福成立了国际组织——社会党国际，在成立大会通过的《原则声明》中正式宣布以实现民主社会主义为目的，并阐述了相关主张和政策，第一次以“民主社会主义”的形式对两次世界大战欧洲各国社会党的

① 李宏. 另一种选择：欧洲社会民主主义研究 [M]. 法律出版社，2003：2.
② 高放. 如何看待民主社会主义的发展 [J]. 科学社会主义，2018（6）.
③ 马克思恩格斯选集（第一卷）[M]. 人民出版社，1972：631-632.

改良主义理论和实践进行了总结。至此，社会民主主义逐渐被民主社会主义取代，成为各国社会党的理论与政策体系的统称。

民主社会主义思想体系主要表现为：

伦理主义：伦理主义是社会党国际重建后，西欧各国社会党在思想意识领域中的一种共同倾向和特征，它“以抽象的人为中心，以自由、公正、团结为基本价值观，追求一种伦理道德的完善”。[①] 民主社会主义的伦理主义以“人”为出发点和归宿。美国学者卡尔·兰杜埃曾这样评价民主社会主义：“社会民主主义哲学的核心是人道主义”，社会民主党人“信仰个人的价值”。[②] 作为人的尊严的细化和民主社会主义伦理思想的具体化，民主社会主义追求自由、公正、团结的基本价值观。

多元主义：多元主义承认阶级基础的多元化，民主社会主义认为工业革命改变了生产的条件，并使工人阶级丧失了它的一些主要特征，未来社会的建立应该由新的生产力的社会集团承担，而非无产阶级领导，因此，民主社会主义有多元的社会基础，传统的工人阶级正在逐渐被新的工人阶级或中产阶级代替，“社会民主党已经从一个工人阶级的政党变成了一个人民的政党”。[③] 此外，多元主义还强调社会主义模式的多样化。民主社会主义认为各国社会党执政的国家应根据各国不同的社会结构，实行不同的模式，并根据形势变化不断调整。

渐进主义：民主社会主义强调在变革社会现实方面，应实行渐进主义战略，即不通过革命的激进手段，而是逐步地通过改良的方式即议会民主与和平的手段来实现社会主义社会。他们认为革命突变将需要付出高昂的社会代价，这将对经济生活和社会生存造成危害和威胁，所以必须通过“平静的”“渐进的”方式来变革现有体制。为此，民主社会主义制定了相关改良政策：[④] ①承认和维护议会制，主张社会法治国家，实现政治民主；②主张民主的混合经济制度；③主张扩大社会保障，保障每个社会成员的权利平等和机会均等；④通过社会监督和参与决定以及强大工会的抗衡，来限制大资本对利润的追逐，减少资本主义带来的严

---

① 徐觉哉. 社会主义流派史［M］. 上海人民出版社，1999：383.
② 托马斯·迈尔. 论民主社会主义［M］. 东方出版社，1987：241-242.
③ 中共中央党校科学社会主义教研室. 社会党重要文件选编［M］. 中共中央党校出版社，1985：165.
④ 徐觉哉. 社会主义流派史［M］. 上海人民出版社，1999：390.

重后果；⑤推行社会伙伴关系，使劳资冲突缓解与调和；⑥主张将政治民主转变为社会民主。

民主主义：民主是民主社会主义的核心原则，是其首要问题。在民主社会主义看来，民主不只是一种理想或政治体制，而且是一种“令人神往和无所不包的生活方式”,[①] 1951 年的《法兰克福声明》指出：社会主义是“民主的最高形式”。要实现社会主义，就必须实现政治、经济、社会和国际民主。

在社会民主理念的主导下，西欧社会的改革遵从平等、多元、民主、渐进的原则。教育作为凸显社会民生以及民主的重要领域，在社会民主主义的改革蓝图中也占据了重要的位置。以英国为例，威尔逊政府[②] 认为，接受教育是每个公民应有的权利，也是社会公平的一种体现。因此，威尔逊政府将教育改革的重点放在教育的民主性和平等性增强上。1964 年，威尔逊政府出台英国高等教育改革的《罗宾斯报告》，报告建议立即扩大高等教育规模，在英国新建 12 所高等教育学府，为更多的英国民众提供接受高等教育的机会，推动了英国高等教育从精英化走向大众化；报告还提出加大高等教育的投资力度，在威尔逊政府执政期间，政府拨款数额占高等教育开支总额的比例持续上升，英国全日制大学生人数也翻了一番。在这一民主和强调平等的大环境中，为新兴大学的出现和发展培育了厚实的土壤，英国、德国、法国等西欧国家新兴大学在这一时期得到迅速发展，并至今稳固占据世界新兴大学的主力位置。

## 第二节　新兴大学发展的内部环境

大学作为正规教育组织的重要组成部分，其基本职能是从最早的传授经典文化知识、学者共同体，到柏林大学所倡导的教学和科研相结合，再到第二次世界

① 余文烈. 当代国外社会主义流派［M］. 安徽人民出版社，2000：135.

② 詹姆士·哈罗德·威尔逊毕业于牛津大学，是 20 世纪英国最重要的政治家和经济学家，1963 年被选为英国工党领袖，1964~1976 年任英国首相。任首相早期，十分关注高等教育发展，曾创办过英国公开大学，并在任职总统期间担任布拉德福德大学首任校长，并且一直到 1985 年。

大战后多元巨型大学的出现，乃至创业型大学、全球大学的滥觞，其理念和功能则随着时代的变迁不断形塑和扩充。这种演变是受大学与社会关系变革驱动的。“大学变革的维度通常会处于社会需求与大学内在发展逻辑的交叉点上，体现了一定时代背景下内外两种力量的交锋对大学理念和变革路径的影响。”[①] 这种张力越强，造成的撕裂空间越宽广，意味着大学变革的范围将更加宽广，影响也更加深远。所以，要理解大学的变革及其对社会的影响，既需要对影响大学变革的社会思想，尤其是对高等教育理念进行充分的把握，同时还需要对规制高等教育变革的制度要素及其结构，以及对时由结构带来的行动变化进行充分的挖掘。就此来看，大学变革存在着理念之维、制度之维、结构之维。

## 一、新兴大学出现的理念之维

现代意义的教学型高等教育机构出现已经有 800 多年的历史，而研究型大学的出现也有 400 多年的发展历程。大学在不断的变革过程中，推进了自身内部逻辑与运行方式的演进与发展。[②] 在漫长的大学发展历史演进过程中，它始终处于变革之中。这种变革的动力有来自外部社会经济结构、制度环境的变化，更多地也体现了大学内生性发展力量的一种观念影响。从新兴大学的发展来看，始于 20 世纪高等教育理念的变革是催生其出现、发展和壮大的关键力量。

人类社会进入 20 世纪，经过 700 多年的沉淀，欧洲的传统大学形成了浓厚的绅士文化传统，如保守、自由主义、贵族气质等。随着工业革命和两次世界大战的冲击，这种古老的传统日益暴露出与现代文明的格格不入，伴随着对大学的质疑之声也此起彼伏。

首先，是关于大学理念的争论。英国维多利亚时代著名的教育家和神学家纽曼站在传统派的立场上，竭力维护基督教神学对大学的影响，对抗忽视宗教的新大学的兴起。他在《大学的理想》一书中认为，大学是传授普遍知识的场所，真正的知识是通用知识、是关于绅士的知识。大学就是智慧的首府、人文的光源，是宗教的传播地，是下一代文明之母。[③] 针对纽曼的理念，以实用主义为主导哲

①② 王志强，卓泽林．“创新驱动”战略下高等教育与社会互动机制研究——基于大学变革的视角［M］．中国社会科学出版社，2016：43.

③ 单中惠．西方教育学名著提要［M］．江西人民出版社，2000：258.

学的斯宾塞对其进行了批判，“在古典主义教育传统的影响下，英国学校教育考虑的不是什么知识最具有真正的价值，而是什么能获得更多的称赞、荣誉和尊敬，什么能取得社会地位和影响”，斯宾塞认为“科学知识最具有价值”。[①]除了斯宾塞外，许多著名教育家或学者也对纽曼的保守主义大学理念进行了批判。如怀特海认为，“大学是实施教育的机构，也是进行研究的机构，但是大学之所以存在，主要原因并不在于仅仅向学生们传播知识，也不在于仅向教师们提供研究的机会，大学存在的理由，它使青年人和老年人融为一体，对学术充满想象力的探索，从而在知识和追求生命的热情之间架起桥梁”。[②]美国学者弗莱克斯纳的批判更加激烈，他认为，“大学应该成为社会需要的有效的形成性机构”。[③]第二次世界大战后，以纽曼为代表的自由主义教育思想已经不能适应高等教育的发展，针对纽曼思想的批判也愈加激烈。在这场猛烈的批判声中，一马当先的也包括大学学者在内的知识分子，他们从各个角度开始反思大学存在的问题，如牛津大学很多学者提出应该对大学进行整体性审视。进入 20 世纪 60 年代以后，伴随着大学逐渐走出象牙塔，以及大学在科技社会中重要性日益凸显，大学面对的对象发生了变革，面向市场和面向大众成为大学如何走向成功的关键，以克拉克·克尔的《大学之用》为代表再一次更新了大学的理念，大学承担起满足社会工业化、科技化、民主化的任务，诚如克拉克·克尔所言，“大学在沿袭过去的同时，正朝着另外一方向转变”。

其次，关于高等教育大众化和精英化的争论。从传统上看，大学一直是精英教育的场所，是贵族和上层社会赖以实现地位传承和文化传承的象牙塔。第二次世界大战后，源于社会经济发展的需要，尤其要解决大量的退伍军人返回社会后的工作和学习问题，西方国家开始敞开高等教育的大门，走向高等教育扩展和大众化的道路。“大众化”的理念在 20 世纪 60 年代出现，是第二次世界大战后对包括“大众教育”在内的“大众文化”发展趋势的一种描述和称谓，意在通过“大众化”缩小不同阶层经济和文化上的差距。然而，这一理念出现后还是引发了社会保守主义的抵制和批判，如莱斯利·费德勒在 1967 年就对美国大学教育的“大

① 梁淑红. 利益的博弈——战后英国高等教育政策的制定过程研究［M］. 光明日报出版社，2013：24.
② 怀特海. 教育的目的［M］. 三联书店，2002：137.
③ 罗伯特·弗莱克斯纳. 现代大学论——美英德大学研究［M］. 浙江教育出版社，2001：54.

众化”和“非选拔性”提出了严厉的批评。[①] 克拉克·克尔在《高等教育：逝去的乐园》一文中郑重指出，高等教育的大众化、政治化和外部干预是影响高等教育发展的三股潮流。大众化和普及高等教育是精英高等教育的敌人，而且在某些方面削弱了精英高等教育。[②] 英国大学拨款委员会主席、曾经任哲学教授和大学副校长的莫伯雷爵士出版了著作《大学的危机》，书中对高等教育功利化、大众化倾向进行了批判，他认为世俗教育作为大学的基础是不全面的，大学不应该一味地迎合世俗社会的需求，大学应该坚持精英和非世俗化的价值和理念。[③] 然而，实际的结果是，即便保守主义试图阻挠高等教育大门的敞开，但越来越多的人进入高等教育已经成为必然趋势，尤其是在社会民主、人力资本等社会发展的需求下，高等教育走向大众化成为发达国家的基本走势。

在这些争论中，显露出一个基本的信息，即高等教育对于社会的重要性愈加明显，越来越成为社会关注的中心议题，在工业化、社会民主和公平、创新中发挥着日益重要的作用。对比历史分析来看，正是凭借着理念的争论和先进理念的崛起，才塑造了 19 世纪德国研究型大学的辉煌，使其成为世界高等教育的中心；也正是服务社会理念的确立，才促成美国成长起一大批世界一流大学。因此，这一时期的理念争论为高等教育系统的改革，以及年轻大学的出现扩展了制度空间。

## 二、新兴大学出现的制度之维

经过教育理念的争论，发达国家的教育制度改革开始推进。从英国来看，高等教育转变到“经济和社会的发展过程是创造力的发展过程”；“高等教育是为国家致力于生产资源制造的一项重大投资”；假如现代经济取决于“每个人最大程度的教育输出”，那么英国需要增加各个层次的教育机会，尤其是高等教育。1956 年，英国发布《高等教育的未来》白皮书，其序言中提出，“胜利不属于拥有最庞大人口的国家，而拥有最好的教育系统的国家才会取胜”。[④] 这些都为突破

---

① Langeveld，M. J. Obstacles to Educational Reform in Europe [J]. Paedagogica Europaea，1968 (4)：5.
② Clark Kerr. Higher Education：Paradise Lost? [J]. Higher Education，1978 (7)：266-268.
③ 梁淑红. 利益的博弈——战后英国高等教育政策的制定过程研究 [M]. 光明日报出版社，2013：35.
④ 戴建兵，钟仁耀. 英国高等教育改革的新动向：市场中心主义 [J]. 现代大学教育，2012 (7).

狭隘的精英高等教育观和推动高等教育的扩展铺设了思想道路的基石。同年，英国政府发出“教育部 305 号通讯”，决定扩大高等教育规模，招收更多的学生。1957 年，英国教育部批准 8 所学院升格为高级技术学院，由此开启了英国新兴大学建设的步伐。1961 年 2 月，英国麦克米伦政府正式成立高等教育委员会，委员会的职责是“重新检查英国全日制高等教育模式，并从国家需要和资源条件出发，向女王陛下提出高等教育长期发展所依据的原则，尤其是从这些原则出发，提出原有模式是否需要作任何变革，是否需要创新新型院校以及现有各类院校的发展规划和协调机制做出任何修改的建议”。[①] 该委员会在举行 111 次会议、收集 400 多份书面材料和访问 90 个组织与个人的基础上，于 1963 年推出了影响深远的《罗宾斯报告》。在长达 355 页和 6 本总数近 2000 页的附件中，该报告提出了以下几项影响深远的建议：

第一，对英国高等教育未来 20 年的发展提出了系统的扩招计划。报告提出了扩招的近期应急规划和远期长远规划：全日制学生数量要从 1962~1963 年的 21.6 万扩大到 1980~1981 年的 56 万。为了扩大教育机会，报告提出了著名的罗宾斯原则：凡是能力和成绩合格可以并愿意修习高等教育课程的学生，都应该有受高等教育的机会，即“谁有资格谁入学”的原则。

第二，对高等教育结构提出了建议。为了适应高等教育学生规模扩大的需要，报告首次提出英国的高等教育由大学、教育学院和基础教育的高级课程学院三种类型组成，报告在高等教育机构方面提出将 10 所高级技术学院升格为大学、新建 6 所大学和 5 所“科技教育与研究特殊中心”的建议。

第三，对高等教育的管理提出建议。报告认为，大学的主要责任是进行知识创造即科研，它与其他方面的联系远超过与中小学的联系。因此，委员会建议任命专门主管高等教育的大臣，成立一个“艺术与科学部”，辅之以高等教育拨款委员会，对高等教育进行管理。

第四，报告认为拨款就是一种类似于生产中基本建设一样的投资，是一种人力投资，忽视教育就等于忽视物质财富的积累。所以，委员会要求建立对学生的

① 张建新. 高等教育体制变迁——英国高等教育从二元制向一元制转变探析［M］. 教育科学出版社，2006：94.

全部资助系统，同时要求增加女性学生，并建议削弱古老大学的霸权地位。

《罗宾斯报告》曾设想把高等教育的扩充集中在大学，倡导建立新大学，保持大学一统天下的局面，即在使高等技术学院升格为大学的同时，增加原有大学科目和招生人数。其指导原则明确规定，“高等教育的体制必须允许高校的自由发展。除那些必须维护的、最重要的功能外，现在的高校必须能自由地实验而没有预先规定的限制。我们对体制和秩序的基本要求都能与此相冲突，我们确实要求应该有协调，有某些共同接受的方针原则，有某种对稀缺资源进行合理分配的组织”。[①] 指导原则中表明可以“进行新型学校的实验”，这给英国高等教育非大学的发展留足了空间，而这些非大学部分，为英国新兴大学的发展奠定了基础。

在《罗宾斯报告》之后的第二年，也就是 1967 年，英国政府颁布了《关于多科技术学院与其他学院的计划》。该计划所强调的主旨是：通过合并现有的学院，建立少量的多科技术学院，并提出多科技术学院不再是大学的候补者，而是与大学“平起平坐”的院校。在这一主旨下，建立多科技术学院的设计成为英国政府关注的议题。在该计划颁布的当年，政府将伯明翰阿斯顿、巴斯、布拉德福、布鲁内尔、伦敦城市等 10 所高级技术学院升格为大学，将原有 90 多所艺术、教育和技术等独立学院合并为 30 所与大学“平起平坐”的多科技术学院。多科技术学院在 1969 年 1 月至 1973 年 9 月期间先后得到命名，新升格大学和多科技术学院日后成为英国新兴大学的主体队伍。

此后，在经历 20 世纪 70 年代的经济危机和撒切尔夫人政府执政后，英国高等教育的经费大量缩减，高等教育进入收缩阶段。政府的财政减缩，致使高等教育不得不进入市场中去寻找机会和经费支持，这种局面为新兴大学走向市场、增强服务社会奠定了基础。英国大学中央招生委员会在 1983~1984 年的报告中显示，经费削减使得一些新兴学科兴起，而一些优势学科却衰落。[②]

从 20 世纪 70 年代末期开始，英国高等教育启动服务市场化的改革，撒切尔夫人政府的教育国务大臣基思·约瑟夫是首当其冲的推动者。他曾言，“盲目的、非计划性的和没有协调的市场智慧完全优越于精心研究的、理性的、系统的、善

① Committee on HE. Robbins Report [R]. London: H.M. Stationery Office, 1963: 205.

② Geoffrey Walford. Restructuring Universities: Politics and Power in the Management of Change [M]. London, New York: Croom Helm, 1987: 55.

意的、合作的、有科学依据的和尊重数据事实的政府计划……市场体制是国民财富的最佳发生器”。[①] 在任职国务大臣的 5 年时间里，他孜孜不倦地致力于教育的转型。1985 年，英国政府出台了第一份关于高等教育市场化的绿皮书——《20 世纪 90 年代英国高等教育的发展》，该文件要求高等教育更加有效地为改善国民经济做贡献，高等院校要摒弃“轻商”意识，与工商业建立紧密联系，与地方企业和社区密切合作。在绿皮书的基础上，英国政府在 1987 年发表了《高等教育——迎接新的挑战》。文件充分肯定了英国政府发展高等教育的主要政策，主要内容有：“高等教育应该更加有效地为地方经济发展服务，进行基础科学研究与人文学科领域内的学术研究；与工商业建立密切的联系，鼓励创业精神；继续增加学生数量；进一步发展继续教育”。[②]

以上两大文件产生了两大方面的效果，其一是直接推动了高等教育的市场化，即大学通过走向市场获取资源，提升服务社会的能力。其二是继续扩大高等教育规模，提升多科技术学院的地位。从第二点看，高等教育市场化是与高等教育规模扩张相生相随的，而多科技术学院恰恰是英国高等教育规模扩张的主体。因此在 1988 年和 1992 年，英国颁布了《教育改革法》和《继续和高等教育法》，这两大法案承认多科技术学院的大学地位，并决定给予财政支持。至此，英国的多科技术学院彻底摆脱非大学的命运，且在走向市场化、创业型的道路上逐步走向世界年轻大学之列。

与英国类似，第二次世界大战后法国在不断的摸索和改革中确立了高等教育规模扩张的道路。20 世纪 60 年代，时任法国教育部部长富尔主导出台了《富尔法》（又称《高等教育方向法》）。该法案重新规定了法国高等教育的性质、组织机构、大学管理和教师队伍等内容，更为重要的是该法案赋予了大学的法人身份。法案指出，“大学是科学和文化性质的公立机构，具有法人身份和财政自治权”。[③] 这一改革举措改变了长期以来大学过于集中的管理体制，改变了法国长期以来有“学院”无“大学”的情况。受此影响，20 世纪 50 年代和 60 年代，法国相继开

① Denis Lawton. Education and Politics in the 1990s [M]. The Falmer Press, 1992: 6.

② Peter Ribbins & Brian Sherratt. Radical Education Policies and Conservative Secretaries of State [M]. London: Cassell, 1997: 94.

③ 庞青山. 法国高等教育特色制度的演进 [J]. 比较教育研究，2011 (3).

办的“高级技术班”和大学技术学院两类短期高等教育机构正式成为法国高等教育的组成部分。此外，该法案还明确规定了大学的任务：“生产和传播知识，发展研究，培养人才；参与各地区的社会和经济发展，适应工业和技术革命要求民主化进程；为学生传授必要的知识，对他们进行全面培养；利用新的传播方式，促进终身教育的发展。”①

德国在 20 世纪 60 年代相继出台了《经济增长和扩大教育》(1962)、《教育需求情况的报告》(1963)、《联邦德国各州就教育领域中的统一问题的协定》(1964)等。这些文件均注重教育的民主化和公平问题。其中德国国家科学审议会提出的《关于扩大学术组织的建议》则直接指向高等教育的扩大，尤其是为新办年轻大学提出了具体建议。随后在 1969 年修改的《德意志联邦共和国基本法》和德国《1970 教育报告》中均对扩大高等教育规模、增设新的高等院校等进一步作出了强化。

## 三、新兴大学出现的结构之维

大学的每一次变革，一方面会影响内部组织结构的调整以产生新的功能；另一方面也可能引发整个大学系统的结构性调整，并扩展成为新的大学类型。从前者来看，是对大学内部结构的重新规制，从后者来看，是高等教育系统的扩展。随着人类社会进入 20 世纪中期，随着全球化、工业化社会的到来，社会对知识创新、人才培养模式的要求不断发生新变化。在这一背景下，大学长期以来稳定的系统及其结构发生了剧烈的变化。从内部结构来看，大学传统的知识生产和传播范式出现了解构和重构；从外部来看，高等教育系统出现了一批适应时代需求的新大学。

以欧洲的发展来看，从 20 世纪中期开始，均经历了高等教育结构的再构，在传统的精英大学之外出现了注重社会服务和创新创业的新大学，大学从知识生产的垄断者转变为与国内外环境的合作者、社会弥撒的知识系统的重要参与者和创新系统发展中的关键制度性主体。②

① 黄福涛. 外国高等教育史（第二版）[M]. 上海教育出版社，2008：28.

② 王志强，卓泽林. “创新驱动”战略下高等教育与社会互动机制研究——基于大学变革的视角 [M]. 中国社会科学出版社，2016：43.

以英国来看，从1956年开始，英国将地方学院、地区学院、高级技术学院等机构扩展为大学以外的高等教育机构，成为多科技术学院，此外增设了10所高级技术学院。此后到了1973年，英国增加了30多所多科技术学院。[①] 这些新的高等教育机构改变了英国高等教育系统的单一性，在由牛津和剑桥为代表的保守大学之外出现了新式高等教育机构。多科技术学院和高级技术学院此后成为英国高等教育走向应用和大众化的主体，成为推动英国高等教育走向市场化和现代化的重要推动力量。再从法国来看，20世纪60年代末期开始，在高等教育系统中新增了一种高等教育机构，即大学技术学院，实施高等职业技术教育。大学技术学院改变了法国高等教育系统中的单一性，在大学系统之外，建构了一种能适应战后产业结构变化和劳动力市场的新型高等教育组织。在同一时期，德国同样对高等教育结构和类型进行了改革，一方面，德国在大学系统中扩展了一批新大学，包括原有的师范学院、神学院等合并调整为新大学。1960~1987年，德国新建的各种新大学达到35所。[②] 新大学采用了与传统大学不同的办学方式，如波鸿大学、康茨坦茨大学等是在办一所以工科学为主的大学的思想下建成的，且注重跨学科的组织建制。以雷根斯堡大学为代表的新建大学则是以解决本地区的升学和发展为宗旨的地区性大学。另一方面，德国在原有的高等教育系统中增设了一种新型的大学——应用科技大学。这类大学的办学目标在于促进学生适应企业的发展需求，提升职业发展能力，从而满足德国社会工业化的发展需求。此后，德国的应用科技大学成长为世界各国高等职业教育模仿的对象。

## 第三节　世界新兴大学的发展历程

20世纪中期以来，是世界新兴大学产生与发展的重要时期，开创了世界高等教育多样多元化格局。

---

① 张建新. 高等教育体制变迁——英国高等教育从二元制向一元制转变探析［M］. 教育科学出版社，2006：113.

② 张帆. 德国高等学校的兴衰与等级形成［M］. 北京师范大学出版社，2012：72.

## 一、20 世纪 60 年代至 70 年代

第二次世界大战后，伴随着社会民主、高等教育大众化、工业经济的发展等社会经济政治体制的改革，新兴大学作为一种新生事物出现在高等教育的舞台上。

欧洲是最早诞生新兴大学的区域。20 世纪 60 年代，英国《罗宾斯报告》提出了一种允许大学数量增加、同时限制各校招生名额以保护传统大学精神的扩张模式，技术大学和学院成为英国战后积极发展的一种高等教育机构。根据该报告的建议，将原来 10 所高级技术学院升级为独立技术大学，如表 3-1 所示。

**表 3-1　英国升格为大学的 10 所高级技术学院**

| 序号 | 院校名称 | 升格时间 |
| --- | --- | --- |
| 1 | 伯明翰阿斯顿大学（Aston University） | 1966 年 |
| 2 | 巴斯大学（University of Bath） | 1966 年 |
| 3 | 布拉德福大学（University of Bradford） | 1966 年 |
| 4 | 布鲁内尔大学（Brunel University London） | 1966 年 |
| 5 | 伦敦城市大学（City University London） | 1966 年 |
| 6 | 拉夫堡大学（Loughborough University） | 1966 年 |
| 7 | 萨里大学（University of Surrey） | 1966 年 |
| 8 | 赫瑞—瓦特大学（Heriot-Watt University） | 1966 年 |
| 9 | 索尔福德大学（University of Salford） | 1967 年 |
| 10 | 威尔士大学（University of Wales） | 1968 年 |

其中，萨里大学、布鲁内尔大学、巴斯大学、伯明翰阿斯顿大学等多数大学已经成长为世界新兴大学。

这一时期，除了新建立一批新大学之外，英国政府根据 1966 年政府白皮书，还通过合并原有的技术学院和技术教育学院，集中力量成立 30 多所多科技术学院（见表 3-2）。

**表 3-2　1969~1973 年建立的 30 所多科技术学院目录表**

| 成立时间 | 新成立的技术学院名称 |
|---|---|
| 1969 年 1~4 月 | 赫特福德（Hatfield） |
| | 谢菲尔德（Sheffield） |
| | 桑德兰（Sunderland） |
| | 莱斯特（Leicester） |
| 1969 年 9 月 | 布里斯托（Bristol） |
| | 纽卡斯尔（Newcastle） |
| | 普茨茅斯（Portsmouth） |
| | 伍尔夫汉普顿（Wolverhampton） |
| 1970 年 1 月 | 金斯敦（Kingston） |
| | 曼彻斯特（Manchester） |
| | 普利茅斯（Plymouth），后改为西南（South West） |
| | 北斯坦福德郡（North Staffordshire） |
| | 利兹（Leeds） |
| | 兰彻斯特（Lanchester），后叫考文垂（Coventry） |
| 1970 年下半年 | 格拉摩根（Glamorgan） |
| | 牛津（Oxford） |
| | 提赛德（Teesside） |
| | 利物浦（Liverpool） |
| | 特伦特（Trent），后改为诺丁汉（Nottingham） |
| | 南岸（South Bank） |
| | 伦敦市（City of London） |
| | 中伦敦（Central London） |
| | 泰晤士（Thames） |
| | 伦敦东北（North East London） |
| | 布莱顿（Brighton） |
| | 赫德斯菲尔德（Huddersfield） |
| 1971 年 | 伯明翰（Birmingham） |
| | 北伦敦（North London） |
| 1973 年 | 米德尔赛克斯（Middlesex） |
| | 兰开夏（Lancashire） |

1991 年，英国政府颁布《高等教育：一个新框架》和《继续教育和高等教育法》两个文件，同意多科技术学院改名为大学，具有大学同等的地位，享有自行颁授学位的权力。此后，英国的 30 多所多科技术和部分学院改为大学。这次改革被称为“英国高等教育史上从未有过的结构革命”，是一场“静悄悄的革命”。[①]它使得英国高等教育彻底摆脱“象牙塔”的印刻，成为保持整个社会健康、并为经济社会各行各业提供能量的“血液循环系统”。[②]

德国在 1965 年创立了多所新大学，根据 Peisert 的统计，20 世纪 80 年代末的西德大学，有一半是 1965 年以后创建的[③]。民主德国同样开始设立大量的专门高等学校，以及 10 所高等工程学校（见表 3–3）。

**表 3–3　西德 1960 年以后建立的新大学**

| 大学类型 | 名称 | 大学类型 | 名称 |
|---|---|---|---|
| 综合大学 | 波鸿大学 | 总和高等学校 | 艾森总和学校 |
| | 杜塞尔多夫大学 | | 乌佩塔尔总和学校 |
| | 比勒菲尔德大学 | | 帕德波恩总和大学 |
| | 雷根斯堡大学 | | 杜伊斯堡总和大学 |
| | 不来梅大学 | | 卡塞尔总和学校 |
| | 奥格斯堡大学 | | 济根总和学校 |
| | 奥斯纳布吕克大学 | 专门高等学校 | 哈根函授大学 |
| | 奥登宝大学 | | 汉诺威医学院 |
| | 特里尔大学 | | 莱法州教育学院 |
| | 康斯坦茨大学 | | 吕内堡学院 |
| | 拜洛伊特大学 | | 希尔德斯海姆学院 |
| | 班贝格大学 | | 慕尼黑联邦国防军大学 |
| | 帕绍大学 | | 汉堡联邦国防军大学 |
| | 乌尔姆大学 | | 吕贝克医学院 |
| | 艾西斯塔特天主教大学 | | 维腾—海尔德克私立大学 |
| 理工大学 | 多特蒙德理工大学 | | 科布伦茨私立管理学院 |
| | 凯泽斯劳滕理工大学 | | 弗兰斯堡私立大学 |
| | 汉堡—哈堡大学 | | |

① 杉本和弘. 关于高等教育体制改革的英澳比较——从“二元制”到“一元制”的转变过程［J］. 比较教育学研究，1998（24）：147.

② Sir Christopher Ball and Heather Eggin. Higher Education into the 1990s［M］. Milton Keynes：SRHE and Open University Press，1989：129.

③ Peisert，H.，Framhein，G. Das Hochschulsystem in Deutschaland［M］. Bonn：BMBW，1994：25–27.

澳大利亚新兴大学同样起源于该阶段。1946~1975 年的 30 年时间里，澳大利亚新建 13 所大学，大概每两年多就产生一所新的大学，如表 3-4 所示。

**表 3-4 澳大利亚 20 世纪中叶左右新建大学一览表**

| 序号 | 院校名称（中英文） | 建校时间 |
|---|---|---|
| 1 | 澳大利亚国立大学（Australian National University） | 1946 年 |
| 2 | 新南威尔士大学（The University of New South Wales） | 1949 年 |
| 3 | 新英格兰大学（University of New England） | 1954 年 |
| 4 | 莫纳什大学（Monash University） | 1956 年 |
| 5 | 拉特罗布大学（La Trobe University） | 1964 年 |
| 6 | 麦考瑞大学（Macquarie University） | 1964 年 |
| 7 | 纽卡索大学（The University of Newcastle） | 1965 年 |
| 8 | 南澳大利亚福林德斯大学（The Flinders University） | 1966 年 |
| 9 | 詹姆斯·库克大学（Jams Cook University） | 1970 年 |
| 10 | 格里菲斯大学（Griffith University） | 1971 年 |
| 11 | 默多克大学（Murdoch University） | 1973 年 |
| 12 | 迪金大学（Deakin University） | 1974 年 |
| 13 | 卧龙岗大学（University of Wollongong） | 1974 年 |

从新兴大学的发展历程来看，这一阶段主要是欧美国家新兴大学的出现时期。欧美国家新兴大学诞生的原因主要是：一方面是由于国家政策以及经济社会发展需求下诞生的新大学，另一方面是传统大学的转型、合并等产生的新大学。新兴大学从一出现就与传统大学承担着不同的任务，它们主要从事精英高等教育以外的大众化任务，且主要依托政府的财政拨款获得生存机会。例如，英国沃里克大学在 20 世纪 70 年代的经费来源中，有 70%是政府拨款。①

## 二、20 世纪 80 年代至 90 年代

这一时期新兴大学的发展在不同发展程度的国家呈现出不同的势头。在欧美国家，新大学中的部分大学已进入转型阶段，它们开始转变身份，从单纯地承担

① 伯顿·克拉克. 大学的持续变革——创业型大学的新案例和新概念［M］. 人民教育出版社，2008：4.

高等教育大众化或普及化的任务转型到新型的发展道路上。相比较而言，后发国家的新兴大学开始诞生，韩国、中国香港、新加坡等新兴国家、地区为满足社会经济的发展需要，开始重点打造一批新式大学，奠定了新兴大学的发展基础。

从20世纪70年代中期开始，以全球性石油危机为导火索，几乎整个西方发达国家都陷入经济停滞和通货膨胀并存的双重危机，为了解决危机，西方国家涌现出了各种各样的社会思潮，其中对世界各国影响最大的是新右派思想。新右派把自身的目标定为“世界绘制保守党内及以外的意识形态版图”[①]。在这一背景下，各国政府对高等教育采取收缩政策，尤其是对精英教育以外的高等教育的资助大幅度降低。为了寻求发展出路，欧美国家的新大学开始转型，走向新兴发展道路。以英国为例，“新当选的撒切尔夫人政府在刚刚入主几周后就开始大刀阔斧地削减高等教育经费。财政大臣杰弗里在1976年6月的第一个预算就是削减捐助资金的税收，那笔钱是地方政府用来资助高等教育的”。[②]

**表3–5 关于教育和科学的开支（英格兰和威尔士）**

单位：百万英镑[③]

| 时间 | 资金 | 周期拨款 | 总额 |
|---|---|---|---|
| 1980~1981年 | 462 | 7719 | 8528 |
| 1981~1982年 | 400 | 7440 | 8186 |
| 1982~1983年 | 350 | 7300 | 8000 |
| 1983~1984年 | 320 | 7170 | 7840 |

在这一背景下，年轻大学开始拓展新型发展道路。以沃里克大学为例，此时的沃里克大学出现了一个经营理念，即“沃里克将以‘省一半、赚一半的政策’弥补被削减的经费——即通过节约消化减少的一半，通过创收补足另外一半”。[④]因此，这一时期的沃里克大学积极向外看，即与当地工商界建立密切的联系。沃里克大学认为，收入的来源很多，被动等待政府拿出更多的钱是逃避现实，大学

① Mark Hayes. The New Right: An Introduction to Theory and Practice [M]. Pluto Press, 1994: 3.

② Geoffery Walford. Restructuring Universities: Politics and Power in the Management of Change [M]. London; New York: Croom Helm, 1987: 38.

③ 梁淑红. 利益的博弈——战后英国高等教育政策的制定过程研究 [M]. 光明日报出版社, 2013: 111.

④ 伯顿·克拉克. 大学的持续变革——创业型大学的新案例和新概念 [M]. 人民教育出版社, 2008: 37.

必须在越来越有竞争性的环境中主动寻找各种收入。在这一理念下，沃里克大学在 1980 年成立了沃里克制造业集团，1984 年又建立了科学园区，同时发展商学院等。在这一发展战略下，1980~1995 年，“政府的资助渠道，从大约 70%下降到少于 40%，第三个渠道的来源在总收入中的份额，从 20%增加到近 50%，第二个渠道和第三个渠道合起来约占总收入的 2/3”。①

除了发达国家的新兴大学崛起外，这一阶段，后发国家或地区的新兴大学也开始出现，其中以香港科技大学、南洋理工大学、浦项科技大学最为典型。这三所大学均成立于 20 世纪 80 年代末 90 年代初，是应对国家工业化进程对人才和技术与需求而建立起来的，其中浦项科技大学成立于 1987 年。韩国在经历了近 20 年的高速发展时期后，让日本感受到了威胁，并不再把技术转移到韩国。为此，浦项科技集团在 1987 年成立了产业科学研究院，并于同年成立了浦项科技大学，奠定了未来技术发展的基础。从中国香港来看，在其他大学保持大学精神和传统时，中国香港政府意识到需要创立一所科技大学，以大力服务于即将成立的香港特别行政区。在此背景下，香港科技大学于 1991 年成立。同年，新加坡在高速发展时期，为解决技术和人才问题，成立了南洋理工大学。

除了高速发展的新兴发达经济体外，其他的发展中国家也启动了新大学的发展，如土耳其在 1993 年成立科克大学，同时期印度成立韦尔特克大学等。然而，相对发达国家新兴大学的集中式爆发，这一时期发展中国家的新兴大学零散出现，并未形成集团性优势。

## 三、2000 年以来

这一时期，新兴大学作为一种新兴教育组织紧贴地区发展的需求，抓住内外部机遇，并结合良好的组织运行框架，呈现出良好的发展态势，在国际高等教育舞台上展示出一定的影响力。

以香港科技大学为例，香港在 20 世纪 90 年代开始将制造业向内地转移，并确定了发展高科技密集产业为基本路线的战略。香港科技大学在这一时期抓住机遇，紧贴香港的转型需要，主攻科技发展领域，发展应用性研究，在纳米科技、

① 伯顿·克拉克. 建立创业型大学：组织上转型的途径［M］. 人民教育出版社，2003：30.

生物技术等领域逐渐呈现出一定的竞争优势。与其他香港大学忽视吸引国内大学学者相比，香港科技大学加强在国内的宣传，招聘了一批国内高水平学者，包括清华大学工程学院院长、后担任香港科技大学副校长的林垂宙等。[①] 除了吸引国内学者外，香港科技大学大量招收国家一流大学的一流学者。从 20 世纪 90 年代开始，香港科技大学每年招收 120 名教师，其中 60%以上是来自北美的博士。[②] 香港科技大学借助优秀的师资，广泛展开与社会的合作，不断扩充研究经费和社会影响力，以该校 2008 年的研究经费来看，来自香港企业和私人资助的占到 28.2%，香港研究会资助占到 35.7%。[③] 香港科技大学还建立了一所完全为大学所用的公司，即研究开发有限公司，其在大学进行研究成果商业化方面起到了重要的作用。为了进一步与香港区域内的私营部门和公共部门加强合作，研究开发有限公司还建立了大量的子公司和合资企业，并将其范围扩展到珠三角和周边地区。香港科技大学依托其发展战略，在短时间内竞争力跃居世界年轻大学前列，成为世界高等教育系统的一个奇迹，其中在 2006 年的英国《泰晤士高等教育（增刊）》的世界一流大学排行榜中，香港科技大学跃居第 58 位，2008 年该校上升到 39 位，此后长期占据世界前 50 的位置，成为名副其实的世界一流大学。

再以南洋理工大学来看，初创时期该校面临重重困境，一方面是有限的政府财力投入；另一方面是如何突破传统的管理方式和教育模式，适应新加坡产业转型的需要，成为大学发展乃至生存的关键。为了实现发展突破，南洋理工大学首先大胆引入产业界的管理经验，采用开放式管理模式。在开放式管理模式下，学校承接了新加坡经济发展灵活的特点，对世界高等教育的发展趋势极为敏感。[④] 例如，学校在建立之初将目标锁定在为新加坡经济的腾飞培养工程师上；20 世纪 90 年代侧重技术转化，服务地方经济。其次，在教师发展上，学校坚持国际化的方向。学校坚持引入国际人才，截至 2002 年学校有 50%的教师来自海外，此外学校坚持以创业为核心，南洋理工大学设立了专门的研究中心，鼓励教师与产业界合作创办研究中心或到公司企业做顾问。再次，在经费来源上，学校积极寻

---

①②③ 菲利普·阿特巴赫. 世界一流大学：发展中国家和转型国家的大学案例研究［M］. 上海交通大学出版社，2011：49，68.

④ 燕凌，洪成文. 新加坡南洋理工大学的成功崛起——创业型大学战略的实施［J］. 高等教育研究，2007（2）.

求“第三条渠道经费”，在受政府资助的同时，学校积极拓展工厂企业、慈善基金会、知识财产版权、校友集资等收入。[①] 在多年的发展中，南洋理工大学创建出自己独有的职业教育理念和文化精神，其中典型代表包括“教学工厂”“经验积累与分享”“无界化校院”以及 4C 特色（学院文化、技能开发、创新理念和企业联系）等颇具特色的创新职教理念。[②] 在这样的策略下，南洋理工大学逐渐成长为世界一流大学。在 2008 年《泰晤士高等教育（增刊）》的排名上，南洋理工大学跃居第 77 位，2011 年该校已经直线上升到第 34 位，此后长期占据世界前 50 的位置。

从新兴大学发展来看，整体上实现了竞争力的大幅提升，从世界大学排名来看，从 20 世纪初期的最初排名至 2012 年的排名中，新兴大学中的大多数名次保持着高速增长，在国际舞台上展示出卓越的表现。部分大学成长为所属国的顶尖大学，如浦项科技大学等高校。发达国家的新兴大学借助高等教育良好的生态系统获得发展，后发国家的新兴大学则借助政府的强力资助以及新兴经济体发展的机遇获得空间，它们成为不可或缺的重要力量影响着世界高等教育系统（见表 3–6）。

**表 3–6　2005~2012 年部分高校《泰晤士高等教育（增刊）》排名情况**

| 学校 | 地区/国家 | 2005 年 | 2012 年 |
|---|---|---|---|
| 浦项科技大学 | 韩国 | — | 53 |
| 香港科技大学 | 中国香港 | — | 62 |
| 洛桑联邦理工学院 | 瑞士 | — | 46 |
| 加州大学尔湾分校 | 美国 | 198 | 86 |
| 约克大学 | 英国 | 124 | 121 |
| 邓迪大学 | 英国 | — | 176 |

① 伯顿·克拉克. 建立创业型大学：组织上转型的途径［M］. 人民教育出版社，2003：52.

② Lu Sinclair. The Making of a University of Industry and Business［D］. Nanyang Technological University. 1994：84.

# 第四节　世界新兴大学的分布特征

虽然新兴大学作为一种具有后发优势的大学引发了高等教育系统的变革，然而由于在地理区位、经济发展水平、高等教育系统成熟度等方面存在差异，导致各国在新兴大学的发展上存在差异，并呈现出不同的特点。本书通过对《泰晤士高等教育（增刊）》推出的“世界年轻大学排行榜”进行研究，梳理了新兴大学分布的基本特征。

## 一、世界新兴大学的地域分布

### （一）洲际分布

从新兴大学的基本分布来看，欧洲占据了主导优势地位；其次是大洋洲、亚洲和美洲，非洲整体表现较差，仅有少数几所大学上榜。从年度数据来看，2012年的榜单中，超过一半的大学为欧洲大学，占到了51%的比例；其次是亚洲和大洋洲，分别占到了17%；北美洲大学占到了13%，南美洲占2%；非洲大学无一所上榜。到了2016年，欧洲的数量则进一步上升，占比达到了61%；其次为亚洲，占比为18%；大洋洲和北美洲的比例分别为14%和6%，南美洲仅为1所，非洲则未有一所入选。2018年欧洲的数量稍微有所减少，占比为50%；亚洲的

表3–7　2012~2018年《泰晤士高等教育（增刊）》各洲新兴大学情况

| | 2012年 | | 2016年 | | 2018年 | |
|---|---|---|---|---|---|---|
| | 数量（所） | 占比（%） | 数量（所） | 占比（%） | 数量（所） | 占比 |
| 欧洲 | 51 | 51 | 90 | 61 | 122 | 50 |
| 亚洲 | 17 | 17 | 27 | 18 | 74 | 30 |
| 大洋洲 | 17 | 17 | 20 | 14 | 23 | 9 |
| 北美洲 | 13 | 13 | 9 | 6 | 11 | 4 |
| 南美洲 | 2 | 2 | 1 | <1 | 11 | 4 |
| 非洲 | 0 | 0 | 0 | 0 | 5 | 2 |

数量大幅增加，占比达到了 30%，大洋洲、北美洲和南美洲随后，占比分别为 9%、4%和 4%，非洲的数量有所上升，占比为 2%（见表 3–7）。

### （二）国家分布

从国家分布来看，新兴大学在发达国家和发展中国家的发展状况也是不同的。总体而言，发达国家的新兴大学数量占据绝对优势，发展呈现良好态势，发展中国家的新兴大学数量较少，发展缓慢。从 2012 年数据来看，英国、澳大利亚、美国等发达国家的新兴大学占据较大比例，其中英国有 20 所大学上榜，牢牢占据榜单的首要位置；其次是澳大利亚的 14 所大学入榜，美国以 9 所大学紧随其后。相比较而言，中国大陆仅有 1 所大学上榜。到了 2016 年，新兴大学排行榜的总体数量增加，但是发达国家依然占据绝对优势，英国、澳大利亚继续占据榜单的前两位，英国的新兴大学达到了 25 所，澳大利亚为 19 所，紧接着是法国和德国，分别为 15 所和 10 所，发展中国家依然表现不足，其中最多的是土耳其的 3 所，中国大陆依然为 1 所。到了 2018 年，年轻大学排行榜的总体数量持续增加，但是总体格局依然未变，发达国家表现强势，发展中国家表现不尽理想，英国和澳大利亚依然成为榜单的佼佼者，分别为 31 所和 22 所，接下来是法国的 20 所和西班牙的 17 所，意大利和德国均为 11 所，亚太地区的中国台湾数量上升到 11 所，发展中国家中土耳其 9 所，马来西亚 7 所，印度 6 所，巴西 5 所，中国大陆仅为 2 所（见图 3–1）。

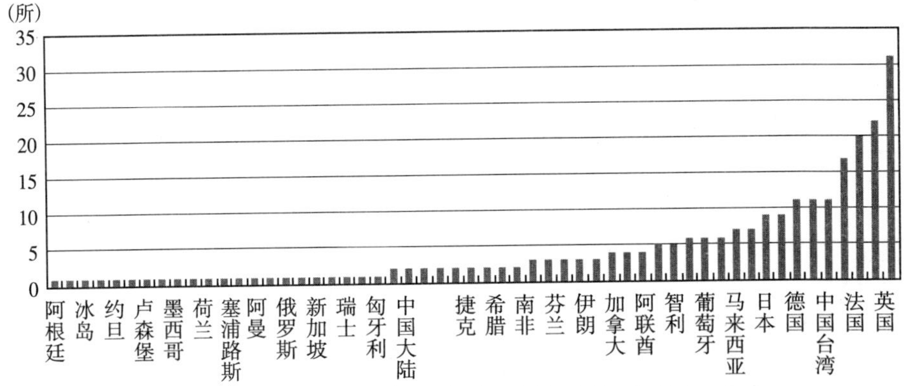


图 3–1　2018 年世界年轻大学排行榜的国家（地区）分布

## 二、世界新兴大学的比较优势分析

为了进一步分析在世界新兴大学发展过程中各国的比较优势，我们依据各个国家的得分情况对照总体均值进行了比较，为了保证检验的有效性以及对比的科学性，我们剔除了仅 1 所高校进入到排行榜的国家。通过对比研究，我们发现：

从总体情况来看，比利时、芬兰和中国香港在各种指标的分值上均超过了总体均值。除去总分外，德国、韩国有 4 项分值超过了总体均值；澳大利亚、丹麦、法国、美国、瑞典、塞浦路斯、匈牙利有 3 项分值超越了总体分值。相比较而言，埃及、巴基斯坦、捷克、西班牙、智利等在 5 项得分上均低于均值，中国、巴西、葡萄牙、日本、土耳其、英国等国家有 4 项得分低于均值。

再从单项得分来看，引文指标上，包括澳大利亚、比利时、丹麦、德国、法国、芬兰、韩国、美国、瑞典、塞浦路斯、希腊、中国香港、匈牙利、伊朗、意大利超过均值，呈现出一定的优势，其中匈牙利、中国香港、瑞典处于显著性优势地位。相比较而言，捷克、巴西、智利以及中国与均值的差值较大，呈现出较弱势的特征。

在产业合作指标上，阿联酋、比利时、德国、芬兰、韩国、马来西亚、瑞典、中国台湾、土耳其、中国香港、中国的得分超过均值，呈现出一定的优势，其中韩国、比利时、伊朗、瑞典处于显著性优势地位。相比较而言，智利、巴西、埃及等与平均值差异较大，呈现出明显的弱势。

在国际化指标上，阿联酋、爱尔兰、澳大利亚、中国澳门、比利时、丹麦、法国、芬兰、加拿大、南非、塞浦路斯、中国香港、匈牙利、英国得分超过均值，展示出一定的优势，尤其是阿联酋、中国香港、爱尔兰、澳大利亚、英国等发达国家或地区的优势较为明显。相比较而言，发展中国家的弱势较为明显，其中巴西、印度、中国、伊朗等国家的弱势表现得较为明显。

在研究指标上，爱尔兰、澳大利亚、澳门、比利时、丹麦、德国、芬兰、韩国、美国、南非、葡萄牙、瑞典、塞浦路斯、中国台湾、中国香港得分均超过均值，具有一定的优势，其中中国香港、比利时、丹麦、韩国呈现出显著性优势。相比较而言，阿联酋、埃及、巴基斯坦、法国、加拿大、捷克、马来西亚、日本、土耳其、希腊、西班牙、匈牙利、意大利、印度、英国、智利、中国呈现出一定的弱势，其中埃及、巴基斯坦、智利、中国的弱势较为明显。

在教学指标上，巴西、比利时、德国、法国、芬兰、韩国、马来西亚、美国、日本、中国香港、匈牙利呈现出一定的优势，其中中国香港、德国、韩国等国家的优势较为明显，尤其是中国香港占据着绝对明显的优势。相比较而言，阿联酋、埃及、爱尔兰、澳大利亚、巴基斯坦、中国澳门、丹麦、加拿大、捷克、南非、葡萄牙、瑞典、塞浦路斯、中国台湾、土耳其、希腊、西班牙、伊朗、英国、智利、中国呈现出一定的弱势，尤其是智利、捷克、中国、印度的弱势较为明显（见表 3–8）。

**表 3–8　不同国家（地区）新兴大学的得分与总体均值的差异**

| 国家 | 总分差值 | 引文差值 | 产业合作差值 | 国际化差值 | 研究差值 | 教学差值 |
|---|---|---|---|---|---|---|
| 阿联酋 | –3.80 | –10.51 | 6.06 | 46.18 | –7.18 | –4.14 |
| 埃及 | –11.96 | –15.41 | –12.54 | –1.88 | –17.43 | –5.57 |
| 爱尔兰 | 0.19 | –6.36 | –4.02 | 28.83 | 3.22 | –1.52 |
| 澳大利亚 | 7.16 | 11.87 | –0.91 | 26.03 | 7.92 | –0.64 |
| 巴基斯坦 | –8.80 | –2.08 | –10.39 | –10.30 | –16.53 | –5.89 |
| 中国澳门 | –3.88 | –13.88 | –2.14 | 11.05 | 2.77 | –5.54 |
| 巴西 | –12.82 | –29.21 | –16.05 | –28.43 | –7.85 | 2.18 |
| 比利时 | 12.95 | 13.17 | 19.51 | 10.80 | 19.92 | 6.81 |
| 丹麦 | 10.70 | 17.72 | –1.84 | 9.20 | 17.87 | –1.14 |
| 德国 | 12.09 | 7.37 | 13.75 | –1.23 | 12.08 | 10.91 |
| 法国 | 6.65 | 15.14 | –6.61 | 12.12 | –0.66 | 6.99 |
| 芬兰 | 9.68 | 13.30 | 5.58 | 9.22 | 12.10 | 6.29 |
| 韩国 | 7.44 | 4.64 | 24.21 | –20.01 | 14.50 | 9.47 |
| 加拿大 | –5.08 | –10.23 | –6.39 | 7.47 | –5.41 | –4.32 |
| 捷克 | –15.50 | –31.68 | –9.84 | –14.45 | –10.08 | –8.14 |
| 马来西亚 | –8.69 | –24.44 | 6.05 | –4.92 | –2.57 | 1.55 |
| 美国 | 11.42 | 31.65 | –0.66 | –14.37 | 4.07 | 6.91 |
| 南非 | 1.95 | –7.38 | –0.64 | 6.50 | 10.62 | –2.34 |
| 葡萄牙 | –3.83 | –11.05 | –0.92 | –1.37 | 1.75 | –1.29 |
| 日本 | –9.46 | –16.08 | –4.11 | –21.89 | –9.83 | 0.54 |
| 瑞典 | 8.98 | 29.90 | 15.11 | –0.95 | 0.14 | –0.21 |

续表

| 国家 | 总分差值 | 引文差值 | 产业合作差值 | 国际化差值 | 研究差值 | 教学差值 |
|---|---|---|---|---|---|---|
| 塞浦路斯 | 7.45 | 25.42 | −2.04 | 22.40 | 0.22 | −5.24 |
| 中国台湾 | −10.84 | −24.80 | 5.26 | −25.20 | 0.41 | −2.90 |
| 土耳其 | −2.06 | −3.16 | 0.91 | −6.03 | −0.59 | −1.24 |
| 西班牙 | −3.29 | −2.90 | −5.25 | −4.86 | −4.47 | −0.92 |
| 希腊 | −0.78 | 13.17 | −7.69 | −9.70 | −3.53 | −6.29 |
| 中国香港 | 28.85 | 29.64 | 14.01 | 31.62 | 39.04 | 19.33 |
| 匈牙利 | 12.35 | 37.57 | −0.84 | 28.50 | −7.98 | 5.51 |
| 伊朗 | −2.37 | 4.67 | 14.81 | −34.42 | −6.56 | −2.27 |
| 意大利 | 7.22 | 28.27 | −1.03 | −8.00 | −1.57 | 1.70 |
| 印度 | −10.78 | −26.60 | −6.32 | −29.80 | −7.33 | 3.96 |
| 英国 | −6.21 | −9.20 | −10.23 | 17.16 | −8.92 | −6.50 |
| 智利 | −12.67 | −18.87 | −16.79 | −4.61 | −15.47 | −9.98 |
| 中国 | −12.15 | −19.83 | 1.91 | −24.65 | −12.68 | −6.14 |

# 新兴大学的发展特征 第四章

如果我们要确定某些大学如何合理地使它们自己成功地转型并持续变革，它们的答案肯定是建议怎么去做才能够切实地、一般地增强大学。我们能够探索以变革定位的大学当它们在当代压制与机遇的现实环境中进行调度时所发明的具体实践。[①]

——伯顿·克拉克

## 第一节　新兴大学的发展战略目标

### 一、战略愿景：追求卓越

萨尔米认为，研究型大学发展的一个关键要素是高水平管理。高水平管理的内涵非常丰富，不仅要求高校拥有良好的学校自治氛围、卓越的领导，还要求高校有明确的愿景目标和发展战略等。大学的战略愿景是大学战略定位的陈述，一般而言，大学愿景反映的是大学对未来的期望，描述了大学要向何处去的全面景象，[②] 准确制定战略愿景与目标，对高校的发展起着至关重要的作用。这有助于

① 伯顿·克拉克. 大学的持续变革——创业型大学的新案例和新概念［M］. 人民教育出版社，2008：2.
② 赵文华. 大学战略规划中使命与愿景的内涵与价值［J］. 教育发展研究，2006（7）.

大学明确办学方向，实现可持续发展；有助于大学培养合适的人才；有助于激发全校教职工凝聚力量朝一个目标共同努力。根据学校定位分析，制定战略愿景与目标，也就确立了大学的奋斗目标和行动准则。有了战略愿景与目标，可以保障战略规划具有超前性，更加主动地应对高等教育及其环境条件的快速变化，进一步强化其发展方向的战略选择。

2018 年《泰晤士报高等教育（专刊）》对 250 所新兴大学进行了排名，根据研究的需要、可行性且考虑到新兴大学的地域分布，本书选取了 30 所表现突出且学校官网语言为英语的新兴大学，对它们的战略愿景与目标进行分析研究（见表 4–1）。

**表 4–1　全球 30 所新兴大学战略愿景与目标一览表**

| 序号 | 学校名称 | 愿景与目标 |
| --- | --- | --- |
| 1 | 浦项科技大学 | 成为一个为国家和社会做出贡献的创业型大学，培养卓越创新的全球领导者和健全的个人价值体系 |
| 2 | 洛桑联邦理工学院 | 2012~2016 年发展规划：到 2020 年，成为技术最好的世界 10 所大学之一，在欧洲大学系统中做出新的贡献 |
| 3 | 香港科技大学 | 成为世界一流大学，在世界上处于领先地位。对世界和地区具有重要影响力，特别是在科技、工程和工商等方面助力香港社会发展 |
| 4 | 加利福尼亚大学尔湾分校 | 通过严谨的学术，前沿的研究和专注的公共服务来促进社区和改善生活 |
| 5 | 韩国科学技术院 | 成为全球价值创新领先大学 |
| 6 | 皮埃尔和玛丽居里大学 | 成为一所在欧洲乃至全球都具有影响力的大学，在学术、高等教育和研究等领域做出贡献 |
| 7 | 加州大学圣克鲁兹分校 | 成为世界一流研究型大学，支持卓越的研究工作，促进学生的成功 |
| 8 | 纽卡斯尔大学 | 成为全球领导者，通过专注于创新和影响力，为地区创造美好的未来 |
| 9 | 兰开斯特大学 | 成为具有全球意义的大学，提供最高质量的研究和教学 |
| 10 | 东安格利亚大学 | 通过开拓性和开拓性研究来应对挑战，以帮助建立一个更美好、更健康的世界 |
| 11 | 香港中文大学 | 立足香港，关注全国，面向世界，以研究型、综合性的一流大学使得基于双语及跨文化的学生教育、学术成果与社会贡献都保持在卓越水准 |
| 12 | 华威大学 | 成为世界一流大学，以积极进取的态度应对全球挑战，让学生开展顶级的研究 |
| 13 | 康斯坦茨大学 | 提高作为顶级研究中心的领先地位，用创意文化原则指导体制创新，加强顶级研究的框架结构，关注创新研究领域并培育创造性和高绩效研究 |
| 14 | 南洋理工大学 | 创新高科技，奠定全球性卓越大学；全方位教育、培养跨学科博雅人才 |

续表

| 序号 | 学校名称 | 愿景与目标 |
| --- | --- | --- |
| 15 | 香港城市大学 | 成为一所提供卓越的专业教育和研究、全球领先的大学 |
| 16 | 马斯特里赫特大学 | 让学校成为教育和研究领域的创新者，通过联系大学与社会，地区与世界而认真履行社会责任，成为最广泛程度的可持续性学府 |
| 17 | 埃塞克斯大学 | 通过卓越的教育和研究为社会做出贡献 |
| 18 | 乌尔姆大学 | 追求卓越，致力于创新和应用科学的发展 |
| 19 | 于默奥大学 | 成为国际领先的大学，加强研究、教育、协作和创新之间的联系，挑战极限。为学生和教职员工提供专业化和个性化发展，为社会和全球提供最新知识和创造型人才 |
| 20 | 卡尔加里大学 | 成为加拿大最锐意进取城市里的全球性知识产权中心，并成为加拿大五大研究型大学之一 |
| 21 | 德克萨斯大学达克斯分校 | 为得克萨斯州和全国提供最优秀、创新的教育，并进行创新研究 |
| 22 | 伍伦贡大学 | 重视跨学科研究，跻身全球前1%的大学 |
| 23 | 昆士兰科技大学 | 提供出色的学习环境和计划，为毕业生带来出色的成果。以最高的国际标准在选定的领域开展具有高影响力的研究，加强应用研究，并为社区和合作伙伴确保重大的商业和实际利益。加强和扩展我们更广泛社区的战略伙伴关系，以反映学术抱负和公民责任 |
| 24 | 香港理工大学 | 成为一所在开拓及转移知识、提供优质全人教育方面均领先的大学，为香港、国家及世界做出贡献 |
| 25 | 查尔斯达尔文大学 | 促进地区可持续发展和繁荣发展关键领域的世界级和新兴研究，凭借对乡土知识、成就和幸福的承诺，发展在本土领导力方面的技能和能力，获得全球公认 |
| 26 | 南澳大学 | 培养最顶尖的专业人员，为社会提供最优秀的公民，创造和传播知识 |
| 27 | 奥尔堡大学 | 通过研究型教育、公共服务和知识合作，为丹麦社会的繁荣、福利、文化的发展做出贡献 |
| 28 | 格里菲斯大学 | 成为澳大利亚和亚太地区最具有影响力的大学之一 |
| 29 | 悉尼科技大学 | 成为世界领先的技术大学 |
| 30 | 巴斯大学 | 成为国际研究和教学中心，通过校友、研究和战略伙伴关系，实现全球影响力 |

综观这30所新兴大学的战略愿景与目标，可以发现它们有着一些共同的特征：追求卓越、国际化、培养人才、勇于创新、服务社会。而其中追求卓越是世界一流新兴大学的重要标志，也是区别于普通高校的根本所在。[①]

① 顾建明，刘爱生. 世界一流大学的价值追求［J］. 教育发展研究，2011（17）.

在这30所新兴大学中，有14所大学的战略愿景与目标，都是追求卓越，成为世界领先的大学，力争在某个学术领域做到最顶尖，为全球培养优秀人才，成为全球价值创意大学等。浦项科技大学常被称为最年轻的世界知名大学，1986年12月成立，经过短短30多年的快速发展，已经跻身于世界一流大学行列。它的办学理念是为未来的世界领导者们提供最好的教育；在科学和工程方面进行最尖端的研究；服务国家，为世界科学事业做贡献。浦项科技大学在2006年建校20周年时更是明确提出创建世界一流研究型大学的"2020远景目标"：第一，培养具有创新性、国际视野和领导才能的科学家和工程师；第二，通过学术和产业间的紧密研究创造社会效益和经济价值；第三，努力在2020年之前发展成为世界前20名的研究型大学。[①] 香港科技大学成立于1991年，经过短短二十几年的发展，已成为亚太地区乃至世界范围内新兴大学的典范，是亚洲进入世界100强大学中最年轻的大学。它在成立之初就定位于"亚洲的MIT"，建设世界级的研究型大学。香港科技大学原校董会主席钟士元博士在开学典礼献词中明确提出香港科技大学的发展目标是成为世界一流的学府，不独为香港地区，更为中国、亚太区——以至全世界做出贡献。[②] 瑞士洛桑联邦理工学院的办学定位是培养工程师和科学家；给科研机构和工业提供枢纽，满足国家工业化发展的需要。学校在2012~2016年发展规划中提到，到2020年，成为世界上技术最好的10所大学之一，在欧洲大学系统中做出新的贡献。韩国科学技术院的战略愿景是通过不断增加投入，改革体制、更新设施和提高教研质量，到2010年把韩国科学技术院建成世界超一流的研究中心大学，成为全球价值创新的一流大学。南洋理工大学的办学理念是创新高科技，奠定全球性卓越大学；全方位教育，培养跨学科博雅人才。2020年的五年策略计划建立在"南大2015年策略"的坚实基础上，旨在将大学推向卓越研究的更高峰。华威大学的愿景是成为世界一流大学，以积极进取的态度应对全球挑战，让学生在世界上创造自己的事业、让学生开展世界顶尖的研究，确保学校的全球排名。香港城市大学立足于办学定位，立志成为全球知名高等学府，在研究和职业教育方面有所建树。埃塞克斯大学追求卓越，其战略愿

① 浦项科技大学网站. 浦项科技大学大事年表［EB/OL］. http：//www.postech.ac.kr/，2014-10-03.

② Yuen CHUNG. Dedication on Opening Ceremony of HKUST［EB/OL］. http：//column.bo-kee.com/87118.html，2010-05-12.

景直接就表明通过卓越的教育和研究为社会做出贡献。澳大利亚的伍伦贡大学是一所年轻、充满活力的大学，其目标是跻身全球前 1%的大学。可见，追求卓越的愿景和目标明确了这些大学的方向，并促使它们采取战略实现成为全球卓越大学的目标。

新兴大学的卓越是要做到全球一流。在这 30 所新兴大学中，有 16 所大学的战略愿景与目标中都提到“全球”。为全球培养优秀人才，为全球最优秀的学术人才创造机会，为全球做出贡献等。香港科技大学的初创者们以国际化标准定位它，确立“着眼世界”的国际观，即立足香港、面向世界，以世界大学的主流理念和标准包容善用各国大学优势，建设世界级研究型大学。香港科技大学《2005~2020 策略发展计划》提出将世界观、国家观和地区观相结合，明确将大学国际化和民族化紧密结合，在人才培养上注重学生的国际意识和国际竞争力，多年来科大一直将“国际化”作为优先发展的领域之一。南洋理工大学致力于构建世界级研究型大学，坚定不移地走国际化开放办学之路。“根植亚洲、放眼世界”是南洋理工大学国际化的主要发展战略。南洋理工大学推行本科生“全球浸濡计划”，让所有本科生能在海外学习一年，增加学生的海外体验，培养全球化的领袖人才。浦项科技大学在“2020 愿景目标”中明确提出培养具有国际视野和领导才能的科学家和工程师，努力在 2020 年前发展为世界大学排名前 20 名的研究型大学。香港中文大学的发展目标是立足香港地区、关注全国、面向世界，以研究型、综合性的一流大学使得基于双语及跨文化的学生教育、学术成果与社会贡献都保持在卓越水准，以满足香港地区、全中国以至世界各地人民的需要。香港城市大学的战略愿景与目标是成为一所提供卓越的专业教育和研究的全球领先的大学。这些新兴大学的战略愿景与目标定位体现了国际化，在培养人才和服务社会等方面都体现了国际化的战略。

卓越的基础是优秀人才。大学的核心功能是培养人才，新兴大学当然也不例外。在这 30 所新兴大学中，有的大学的战略愿景与目标中明确提出要培养人才；有的则是表达方式不同，如要提供卓越的教育，跨学科的专业知识等。南洋理工大学的愿景与目标中提到全方位教育，培养跨学科博雅人才。马斯特里赫特大学的愿景是立足欧洲、面向世界——创建一个充满竞争的教学和研究、专注创新、能吸引顶尖学者、培养高质量学生的顶尖研究型大学。香港科技大学原校董会主席钟士元博士在开学典礼献词中指出：我们面临的挑战是如何完成大学的使命。我们要培养同学们成为优秀的专业人才和关心社会的公民。① 浦项科技大学的战略愿景中明确提出培养具有卓越创新的全球领导者。兰开斯特大学的战略愿景是成为具有全球意义的大学，提供高质量的研究和教学。于默奥大学作为瑞典顶尖大学之一，致力于为学生提供专业化和个性化的发展机会，同时为本地和全球提供创造性人才。香港理工大学的战略愿景与目标中明确提出培养敏于思辨、善于沟通、富于创见、精于解难、乐于学习、立于仁德的领导人才。南澳大学则是要培养最顶尖的专业人才，为社会提供最优秀的公民。巴斯大学要帮助学生成为全局型思考者、领导者和创新者。这些新兴大学将服务国际化、发展国际化，甚至把成为国际化的领先者作为学校办学的使命和目标。

追求卓越还在于勇于创新。在这30所新兴大学中，有18所大学的战略愿景与目标中提到创新或是创造、开创性。南洋理工大学的愿景与使命是创新高科技、奠定全球性卓越大学，全方位教育、培养跨学科的博雅人才。南洋理工人才培养的核心就是创新精神的培养，立足于实践创新能力的培养，并通过“三个指向”予以实施，即课程建设中的创业意识指向；教学过程中的实践意识指向；学生交流中的国际意识指向。② 浦项科技大学的“2020愿景目标”中明确提出培养具有创新意识能力、国际视野和领导才能的科学家和工程师。加州大学圣克鲁兹分校是一所世界一流的研究型大学，它的愿景是通过创新和发现精神推动人类的知识、理解和创造力向前发展。康斯坦茨大学的战略愿景是采取康斯坦茨模式，提高作为顶级研究中心的领先地位，创意文化是它们大学的指导原则，体制创新，加强顶级研究的框架结构是实现其领先地位的保障，关注创新研究领域并培育创造性和高绩效研究是其目标，且相辅相成。巴斯大学的愿景目标是提供世界级的研究和教学，教育学生成为未来的领导者和创新者，并通过研究、企业和影响力造福更多的人。东安格利亚大学的愿景目标是通过开拓性的研究来应对全球性挑战，以帮助建立一个更美好、更健康的世界。创新是大学发展的源泉和动

① Yuen CHUNG. Dedication on Opening Ceremony of HKUST［EB/OL］. http：//column.bo-kee.com/87118.html，2010-05-12.

② 燕凌，洪成文. 新加坡南洋理工大学的成功崛起——“创业型大学”战略的实施［J］. 高等教育研究2007（2）.

力，无论是教学、研究领域的创新，培养人才方式的创新还是战略的创新等，都令新兴大学有了快速的发展。

新兴大学的卓越与地区发展密不可分。在这 30 所新兴大学中，有 8 所大学的战略愿景与目标中都提到“为地区发展”；12 所新兴大学提到“为社会服务”，将服务经济和社会的发展作为大学的战略愿景与目标之一。香港科技大学尤其强调定位的区域性和阶段性。正如首任校长吴家纬先生所言：“一所好的大学在一个区域，等于一条鱼在水缸里，拿出来就会干死。一所大学必须清楚学校在国家、地区和不同阶段发展的情况，比如属于哪种类型，与别的学校又有何区别等等，这些都考虑在内，才会定位清楚。”[①] 正是基于这种清楚的认识，香港科技大学在创建之初就将自己定位为一所在国际上具有深远影响，而又致力为本地服务的优秀学府。从创办至今，香港科技大学要求对国家的社会经济发展做出贡献；而作为香港地区的主力分子之一，香港科技大学和政府及工商界通力合作，力求把香港发展成为以知识为本的社会。加强与工商业的联系，形成学校与社会“双赢”的局面。香港科技大学在注重科学研究的基础上，发挥学校自身的优势，通过为企业咨询、与企业建立科研共同体、创办大学科技园等方式与国内外工商界合作，不断增强学校为区域社会经济发展的服务能力。在学校的研究发展部下设技术转移中心（简称 TTC）和研究开发有限公司（简称 RDC），并将这两个机构作为大学与工商界联系的桥梁。[②] 在这种正确理念的指引下，香港科技大学一步步地迈向了成功。浦项科技大学诞生初期就确立了为韩国的科技发展服务的办学方向，学校将使命定位为：培养未来全球领导者，在科学和工程方面进行最尖端的研究；服务国家，为世界科学事业做贡献。它在 2006 年建校 20 周年时提出的“2020 远景目标”也体现了服务社会的宗旨：通过学术和产业间的紧密研究创造社会效益和经济价值。南洋理工大学在建校之初就将人才培养目标锁定为为新加坡经济的腾飞培养工程师。20 世纪 90 年代则侧重于技术转化，服务于地方经济。韩国科学技术院的目标同样提到服务国家乃至全世界，力争提供最好的教育，进行最尖端的科学研究。洛桑联邦理工学院是瑞士两家联邦科技理工学院之

① 楼艳，顾建民. 香港科技大学崛起的成功之道［J］. 高等农业教育，2006（11）.

② 王晶晶. 来自世界后发型大学的成功启示——以香港科技大学和新加坡南洋理工大学为例［J］. 宁波大学学报（教育科学版），2009（6）.

一，教育、科研和技术转移是其发展的核心，该校旨在满足国家工业化发展的需要，加强理工学科的研究，培养出世界一流的工程师和科学家，为本国的工业化发展服务。

综观新兴大学的战略愿景与目标，可以发现不仅它们具体的内容存在相同相似之处，而且表述都很简洁、具体。埃塞克斯大学的愿景与目标是：通过卓越的教育和研究为社会做出贡献。格里菲斯大学的愿景与目标是：成为澳大利亚和亚太地区最具影响力的大学之一。简洁的表述，不仅便于理解，更有利于全校教职工统一思想和行动，形成为之奋斗的动力，为学校发展做出努力和贡献。

## 二、战略实现：规划与组织保障

新兴大学向世界证明了能否跻身世界一流大学或研究型大学队伍之列，不在于其办学历史的长短，而在于学校能否找到一条真正适合自己的发展之路。纵观这些新兴大学的发展历程可以发现，它们都很重视战略定位、战略规划可行性强、有合理的内部组织结构。

准确合理定位，是确保大学战略愿景与目标实现的基础。这些新兴大学尽管定位不同，但都是基于各自的类型和特点、实际状况，正确分析自己的优势和劣势，找到发展的起点和突破口，在擅长的领域力争一流。例如，香港科技大学自创校之日起，就放弃了大而全的发展目标，根据自身的发展特色和地区特点，定位办小而精的名校，并且很强调定位的区域性和阶段性，将其定位于在国际上有深远影响，而又致力于为本地服务的优秀学府。香港城市大学则立志成为全球知名高等学府，在研究和职业教育方面有所建树。而卡里加里大学则根据学校的特点，要成为加拿大最锐意进取城市里的全球性知识产权中心，并成为加拿大五大研究型大学之一。伍伦贡大学则重视研究能力，致力于跨学科问题的研究。

战略规划可行性强。战略愿景与目标是战略规划所要达到的高度，在制定规划时，有具体的战略举措支持。战略规划与战略实施有机融合，同步进行，才能加快战略目标的实现，同时使大学对社会的即时变化做出快速反应，及时根据社会的现时变化制定新的战略规划。新兴大学在制定战略规划时都很注重加强师资队伍建设、国际化、社会服务。例如香港科技大学重视师资队伍建设，高薪从全球聘请优秀师资，所有教员均具有博士学位，80%以上来自哈佛、剑桥、麻省理工等世界顶级大学。重视国际化，除了师资国际化，香港科技大学积极致力于提高学生的国际化水平，非本地生人数及所占比例逐年上升，同时大幅度增加海外交换生。浦项科技大学为了实现“2020 远景目标”，从 2010 年开始，3 年投资 500 亿韩元，招聘了 10 名获得诺贝尔奖或菲尔兹奖级别的世界级学者，在 3 年间支付每人 10 亿韩元的劳务费以及 40 亿韩元的生活补助。[①] 除了师资的国际化外，浦项科技大学提倡大学科研的国际化水平。南洋理工大学的发展承接了新加坡经济发展灵活的特点，凸显实用性。南洋理工大学致力于将教学与实践相结合，致力于人才培养与社会服务相结合。它成功获得了各大企业及行业领袖的鼎力支持，有力地促进了经济发展。南洋理工大学围绕服务经济社会发展的战略，全方位开展教育培训与服务，促进区域经济全面协调可持续发展。

合理的内部组织结构。组织为集体行动实践提供了持久的条件与力量。[②] 战略愿景与目标的实现有赖于大学内部组织结构设计，大学组织结构设计是否合理是一个大学成功的关键。新兴大学为了实现其愿景与目标，有专业的组织机构和规划队伍，实行专业化的运作。例如香港科技大学为吸引学术明星，成立了香港高等研究院，延揽国际精英学者，设立 60 个研究席位以资助年轻学者从事博士后研究，力促亚洲发展成为世界学术及创新中心。韩国科学技术院设立创业园、企业孵化器和技术许可办公室专门负责促进技术转移和实现技术企业化，与产业界通力合作，了解社会的需求，并研发适合它们的应用技术。

## 第二节　新兴大学的内部组织结构

大学战略愿景指明了发展的方向，确立了大学的行动准则。大学战略愿景的实现主要依赖于大学内部组织机构设计。因为目标是组织战略的一个重要组成部分，所以战略与结构密切相关十分符合逻辑。[③] 内部组织结构是大学治理的依托，

---

① 李明忠. 韩国浦项科技大学的办学定位与特色发展［J］. 高等工程教育研究，2012（4）.

② 埃哈尔·费埃德伯格. 权力与规则——组织行动的动力［M］. 张月等译. 上海人民出版社，2017：2-3.

③ 斯蒂芬罗宾斯. 管理学［M］. 中国人民大学出版社，2017：85.

它规定了组织活动的基本架构，制约着大学组织及其成员的行为方式，进而影响着组织发展走向。①

何谓组织结构，蒙特·卡斯特在《组织与管理》一书中指出：组织结构是一个组织内各构成部分之间所确立的关系形式。我国人力资源管理学教授顾琴轩在其主编的《组织行为学》中认为：组织结构是建立组织的秩序和权力框架，是组织各部分之间关系的一种模式。它是由组织的目标和任务以及环境所决定的。同时，它又对组织内部的正式指挥系统、沟通系统有直接的决定作用，对组织内的文化观念、组织成员的行为、观念和心理等有重要影响。总的来说，组织结构就是组织成员为实现组织目标，在管理工作中进行分工协作，在职务范围、责任、权力方面所形成的结构体系。

大学组织结构为大学内部治理奠定组织基础，同时为各种权力的重新分配提供组织支持。权力分配是大学组织结构的关键环节。② 合理有效的内部组织结构是高校持续发展的内在推动力，是大学成功运行的基础和保障，是高校管理水平和管理效益的保证，是全面提高高校科研、教学质量、培养具有实践和创新精神人才的有力保障。

本书选取了 30 所表现突出且学校官网语言为英语的新兴大学进行分析，研究它们的内部组织结构。可以看出不同国家，不同类型的大学内部组织结构有所不同，但是也有相似之处（见表 4–2）。

**表 4–2　对比组织结构选取的案例大学**

| 序号 | 学校名称 | 所在国家地区 |
|---|---|---|
| 1 | 浦项科技大学 | 韩国 |
| 2 | 瑞士洛桑联邦理工学院 | 瑞士 |
| 3 | 香港科技大学 | 中国香港 |
| 4 | 加利福尼亚大学尔湾分校 | 美国 |
| 5 | 韩国科学技术院 | 韩国 |
| 6 | 皮埃尔和玛丽居里大学 | 法国 |

① 孙曙光. 治理理论视阈下我国公立大学内部制度研究［D］. 吉林大学，2011.
② 曹叔亮. 大学内部治理的关键自变量及其改革路径［J］. 教育发展研究，2014（2）.

续表

| 序号 | 学校名称 | 所在国家地区 |
|---|---|---|
| 7 | 加州大学圣克鲁兹分校 | 美国 |
| 8 | 纽卡斯尔大学 | 英国 |
| 9 | 兰开斯特大学 | 英国 |
| 10 | 东安格利亚大学 | 英国 |
| 11 | 香港中文大学 | 中国香港 |
| 12 | 华威大学 | 英国 |
| 13 | 康斯坦茨大学 | 德国 |
| 14 | 南洋理工大学 | 新加坡 |
| 15 | 香港城市大学 | 中国香港 |
| 16 | 马斯特里赫特大学 | 荷兰 |
| 17 | 埃塞克斯大学 | 英国 |
| 18 | 乌尔姆大学 | 德国 |
| 19 | 于默奥大学 | 瑞典 |
| 20 | 卡尔加里大学 | 加拿大 |
| 21 | 得克萨斯大学达克斯分校 | 美国 |
| 22 | 伍伦贡大学 | 澳大利亚 |
| 23 | 昆士兰科技大学 | 澳大利亚 |
| 24 | 香港理工大学 | 中国香港 |
| 25 | 查尔斯达尔文大学 | 澳大利亚 |
| 26 | 南澳大学 | 澳大利亚 |
| 27 | 奥尔堡大学 | 丹麦 |
| 28 | 格里菲斯大学 | 澳大利亚 |
| 29 | 悉尼科技大学 | 澳大利亚 |
| 30 | 巴斯大学 | 英国 |

## 一、组织结构：多种有效模式

新兴大学由于所在国家地区不同，其内部组织结构设计在一定程度上呈现出本国高校特色，但是在内部院系设置或内部治理理念上又有相似之处。

美国的新兴大学内部有董事会、校长（副校长）、教务长（副教务长）、教师等各方利益主体在相互制衡与协调中参与学校治理。大学内部权力架构是围绕行政—学术二维结构的分权制约机制而建立的。董事会、校长等在学校行政事务上具有较大决策权力。例如加利福尼亚大学尔湾分校设有校长内阁会议，由校长、副校长、助理校长等 14 人组成，每周开会分享信息，评估当前发生的问题并制定有效的日常管理策略。评议会在学术事务上具有较大的决策权力，二者形成了共同治理大学事务的局面。从上下关系上看，董事会、校长（副校长）、教师评议会、教务长（副教务长）、院长、系主任之间，呈现的是逐级委托与监督制约的关系，突出了行政、学术和民主管理相结合的结构安排。

香港科技大学的内部治理模式与美国高校的内部治理模式类似，内部主要组织结构分为：校董会、教务委员会以及顾问委员会。校董会是最高决策机构、教务委员会是最高学术管治机构、顾问委员会是最高咨询机构。由校董会领导的决策力量与教务委员会领导的学术力量互相制约，互相影响。顾问委员会不参与香港科技大学的决策事务与学术事务，但是对校董会与教务委员会却有很大的影响力。通过研究香港大学内部治理的主要组织结构：校董会、校务委员会、教务委员会以及毕业生议会的组成和权力，可以发现香港大学的内部治理存在着三种力量：以校董会为首的决策力量、以校务委员会为首的行政力量以及以教务委员会为首的学术力量。并且三种力量之间相互影响、相互制约。香港中文大学设有校董会、教务会及校友评议会。通过对香港大学、香港科技大学以及香港中文大学内部治理模式的研究，发现香港地区高校内部治理模式有着共同之处，即香港高校的内部管理结构包括决策层的校董会、学术执行层的教务会，以及顾问层次的评议会，三者相互影响，相互制衡。校董事会制度调动了社会各界的力量，为高校提供充足的物质保障和资金来源，同时极大地调动了广大师生参与学校事务，保证了学校事务运作的民主性。

英国新兴大学的内部组织结构呈现多元化管理的特点，吸收外部利益相关者加入理事会、董事会等机构参与大学内部管理，大学内部组织机构之间互相合作。理事会领导下的校长负责制是大学实行的内部管理体制。理事会作为英国大学学校层面的重要机构，负责协调多方利益主体、实现多元利益诉求；校长在董事会领导下执行理事会决议，处理学校日常行政事务，而副校长是事实上的学校内部治理的行政负责人，除了握有相应的任免权力，还负有科研、教学、人事和学生管理方面的责任，对财务决策具有重大影响。例如埃塞克斯大学，大学法令规定副校长对理事会负有维护和促进大学效率和良好秩序的一般责任。副校长对大学理事会负责，并且自然是理事会的成员。埃塞克斯大学设有大学指导小组（USG），是学校的执行领导团队，副校长担任主席，在学期内每两周举行一次会议。USG 的成员向理事会汇报大学的战略计划以及年度预算和资源分配。他们全年审查并监督学校批准的计划和预算的执行情况。理事会下设校务委员会，行使日常事务的决策权，召开例行会议讨论学校发展中的大事，这就是所谓的校务委员会制度。理事会还设立学术委员会，全面负责教学和科研工作。从纵向上看，英国大学形成了学校、学部、学院的三级内部治理结构。

为了保障卓越的组织目标的实现，洛桑联邦理工学院采用扁平化管理方式。学校的最高管理层由 1 名校长和 4 名副校长组成，秘书长和 1 名负责总顾问协助工作。最高管理层下属 5 个学院，每个学院由 1 名院长负责管理工作，其权力和自主权都较大。学院作为学校组织的纵向结构基本承担了学校的科研工作，而教学方面则通过横向结构如部门和项目来实施，从而提高了工作效率。

法国大学内部实行学校管理与学院管理相结合，但是真正的权力在学院院长手中，院长在教授群体中选举产生，具有实际管理权力，负责学校预算的制定与分配，组织教学科研，决定人员聘用等。在内部组织结构中，法国政府的强大权威和学校内部的教授学术权威；使得学校层面的管理权力相对较弱。

在南洋理工大学内部，其董事会是学校管理的核心支柱，负责为学校制定重大决策方向；帮助大学培养外部支持者，寻求其他资助来源；为大学的战略方向提供领导和指导，任命和评估校长，确保大学更负责任地使用大学资源和提高大学资源的价值。校长是大学的行政主管，负责大学所有项目的实施、协调、质量以及未来的发展。大学设立了学术委员会作为学术管理机构，学术委员会通过其选举的咨询委员会、学术参议会以及学术参议会所设立的各个委员会，为学术事务提供建议。

韩国浦项科技大学在内部组织结构设计中采用跨学科重基础的扁平组织结构，一方面跨学科的教学和研究结构促进了学术之间的合作与交流，保障教学资源和研究资源的充分利用。另一方面各个基层组织单位拥有独立的资源使用权力，确保学术资源使用的自由性。[①]

## 二、组织设置：凸显精简

### （一）精简的院系设置

从新兴大学的院系设置来看，新兴大学的设置都很精简，一般集中在某几个优势学科领域。如香港科技大学从院系设置方面看，学术部门按照学科领域分为理学院、工学院、商学院和人文社会科学学院。四个学院共有19个学系，人文社会科学学院原定位为“通识教育中心”，由于不招收本科生，教员编制相对较少，分为人文学和社会科学两个综合性学部。[②]南洋理工大学也只设置了商学院、工学院、理学院、文学院四大学院，四个学院共11个系。兰开斯特大学也是只设立了人文社会学院、健康医学院、科学技术学院、管理学院四个学院，而康斯坦茨大学仅仅设立了数学和自然科学、人文社会科学、法学与经济管理3个学院。它们根据学校的发展实际，结合自身的优势学科，集中力量发展优势、强势学科，短时间内取得了卓越的成绩。根据2018年QS全球大学学科排名，香港科技大学的计算机科学与资讯系统全球排名第14；会计及金融学全球排名第16；材料科学全球排名第22；化学全球排名第23；机械、航空及制造工程全球排名第24。

### （二）专业化的组织结构

这些新兴大学组织机构的设置很有针对性且专业化。如香港科技大学在创建之初就将自己定位为一所在国际上具有深远影响，而又致力于为本地服务的优秀学府。其战略愿景与目标提出了助力香港社会经济发展，不断增强学校为区域社会经济发展的服务能力。香港科技大学专门设有大学发展及校友事务处，专门负责促进大学校友、企业及其他伙伴和支持者之间的关系；并积极寻求机会，以建立新的合作关系，争取更大的社会支持，令大学在教育、科研和公共服务方面精益求精。加利福尼亚大学尔湾分校针对学校社会服务的目标，在1986年专门设置了CEO圆桌会议，它是商界和大学之间互相合作，以及将知识运用于产业界

① 朱炎军，夏人青. 韩国建设世界一流大学的战略举措——以浦项科技大学为例［J］. 高等工程教育研究，2017（5）.

② 吴家玮. 同创香港科技大学初创时期的故事和人物志［M］. 清华大学出版社，2007：55.

的联系门户。查尔斯达尔文大学设置有营销办公室，这个办公室负责政府、企业、消费者和社区的信息，该团队与大学管理人员以及学校和部门负责人密切合作，以确保大学目标有针对性、有效地支持国内和国际部门的活动。香港科技大学在重视国际化、延揽全球一流人才的同时，也注重学生的国际化。为实现学生国际化，香港科技大学积极致力于提高学生的国际化水平，并设置专门的组织机构负责此项工作。香港科技大学副校长办公室原下设国际和内地学生及学术事务办公室，2008 年设置本科生教务长办公室，核心任务之一就是推进校园国际化。①

### （三）卓越的领导

南洋理工大学大胆引入产业界的管理经验。现代大学的发展需要对周遭环境具有敏锐的反应力，而这一反应力来自对环境的全面掌控。南洋理工大学提高自己反应力的途径是丰富学校各级领导的产业界经验，以达到对社会发展脉络的熟知，从而使领导者同时也是创业者、学习者、观察者和怀疑者。南洋理工大学的跨越式发展离不开强有力的领导。卓越的领导首先必须要有卓越的大学校长，校长是一所学校的决策者和执行者，其自身的品质素质和能力与学校的发展息息相关。南洋理工大学的三任校长均对学校的发展做出了卓越贡献。英国华威大学改变英国传统的分权管理模式，积极打造强有力的领导核心。华威大学采用横宽纵短的扁平管理结构，文学院、理学院和社会科学学院三大学院各系直接受学校的领导，推进学校统筹与协调，这极大地提高了工作效率。香港科技大学由学校董事会任命并公开设立校长遴选委员会，制定规范严格的选拔程序，经过初选、面试等层层筛选，最终遴选出最佳人选。通过精选校长，学校形成了强有力的领导集体。韩国浦项科技大学则借鉴企业管理理念形成强有力的领导核心，加强与政府、社会、市场之间密切的内在联系，以寻求共同发展为目的，以充分发挥各自优势为基础，以人才、技术、效益为纽带，形成多赢的良性循环机制。②

① 牛欣欣. 大学国际化战略：香港科技大学的经验及启示［J］. 高教探索，2013（5）.
② 黄志兵. 创业型："双一流"背景下新兴大学的一种战略选择［J］. 现代教育管理，2017（3）.

## 第三节　新兴大学的规模与结构

规模与结构决定着新兴大学的资源投入方向，以及可能的战略突破。要与传统一流大学展开竞争，新兴大学需要在组织结构和规模上展开优化设计，诚如康斯坦茨大学校长指出的，“年轻大学难以在传统大学的组织模式中获益，但是它们同样不受传统（组织结构）的束缚”。① 新兴大学与传统大学组织设置最大的区别就是在规模和结构上的设置（见表 4–3）。

**表 4–3　部分新兴大学的学生规模**

| 学校 | 学生人数（人） | 生师比 | 性别比 |
|---|---|---|---|
| 洛桑联邦理工学院 | 9928 | 11.2 | 28:72 |
| 浦项科技大学 | 3046 | 10.4 | 22:78 |
| 比萨圣安娜高等学校 | 690 | 11.7 | 37:63 |
| 卢森堡大学 | 4969 | 14.6 | 50:50 |
| 香港科技大学 | 11960 | 27.3 | — |
| 香港城市大学 | 9871 | 11.6 | 52:48 |
| 邓迪大学 | 11266 | 14.7 | 61:39 |
| 巴黎第六大学 | 28473 | 8.0 | 48:52 |
| 南洋理工大学 | 25278 | 16.1 | 49:51 |
| 马斯特里赫特大学 | 16030 | 18.3 | 58:42 |
| 卡尔斯鲁厄理工学院 | 25948 | 24.5 | 27:73 |
| 杜伊斯堡—埃森大学 | 41002 | 53.0 | 49:51 |
| 悉尼科技大学 | 25069 | 44.0 | 52:48 |
| 普利茅斯大学 | 18508 | 19.3 | 52:48 |
| 普兹茅斯大学 | 18949 | 16.4 | 45:55 |



① 150 Under 50 Rankings 2016：Youthful Universities use Their Flexibility to Make a Mark［EB/OL］. https：//www.timeshighereducation.com/world-university-rankings/150-under-50-rankings-2016-youthful-universities-use-their-flexibility-to-make-a-mark.

## 一、学生规模：数量与质量的协调

从学生规模来看，新兴大学的发展情况可以分为两种，一类是人数规模小、生师比小的学校，这类学校以韩国浦项科技大学等精英大学为代表，这类大学是在国家或地区的世界一流大学建设框架下出现和发展的，担任着冲击世界顶尖大学、培养社会精英的使命，因此无论是在学生的总体规模还是生师比方面，均追求小规模和高质量。这类大学的另外一个特点就是本科与研究生的比例偏小，也就是说硕士生和博士生的比例超过本科生，如以韩国浦项科技大学为例，该校的研究生比例占学生总数的比例已经超过了 60%，其中博士生占学生总数比例接近 20%。①

除此之外，新兴大学中的另外一类大学呈现人数规模大、生师比大的特点，这类大学以悉尼科技大学等为代表。相比较前一种大学走精英化的道路，这类大学的人数规模之所以大的原因主要在于两个方面，一个原因是这类大学在出现的初期其职责和定位就是承担起国家或地区高等大众化、普及化的使命，此类大学在欧洲地区表现得较为明显，尤其是英国、德国等国家的高等教育发展历史中出现的一批新兴大学。另外一个原因是此类大学中的部分大学注重高等教育国际化，大量地吸引国际留学生，以获得国际学费，提升国际声誉和资源，如悉尼科技大学，该大学的国际学生比例占到了学生总数的 31%，② 大量的国际学生涌入，不断扩大学生的总体规模。

虽然在规模上，新兴大学存在着两级差异，但是在质量上，均展示出卓越表现。无独有偶，新兴大学在战略规划上均将提升学校排名和教学声誉作为重点突破领域，希望以此实现学校的高水平建设。围绕这一战略目标，提升教育教学质量是首要直选。

以英国的新兴大学为例，这些大学在教育教学质量方面不断提升要求，建立质量保障体系，其教学声誉直追传统一流大学，甚至出现超越之势。例如，邓迪大学在 2018 年《泰晤士高等教育》学生就读经验的调查中，邓迪大学排在全英国第 14 位，苏格兰地区第二位；在 2017 年的国际学生舆论调查中，邓迪大学排在

---

① 朱炎军. 韩国建设世界一流大学的战略举措：以浦项科技大学为例［J］. 高等工程教育研究，2017(5).

② Young Randking 2016 ［EB/OL］. https：//www.timeshighereducation.com/world-university-rankings/2016/young-university-rankings#! /page/0/length/25/locations/AU/sort_by/rank/sort_order/asc/cols/stats.

英国第三、全球第七的位置；在 2017 年全英本科生调查中，邓迪大学的学生就读经历排在第九位。为了保障在教学上的卓越表现，首先，邓迪大学建立了质量标准的政策框架，对全校教学进行评价，邓迪大学这套质量标准涵盖了学生申诉、出席情况监测、考试委员会准则、学位管理等 40 多项，可以说是囊括了学生学习的方方面面。[①] 学校通过对各种教和学的行为进行规范化管理，设立了一套严格的教学质量保障标准和程序，无论是对教师的教还是学生的学都起到了监督、监测和规制作用。其次，学校建立了教与学的支持框架，包括学生学术发展中心、学习技术和创新中心、专业发展中心、国际学生英语学习中心等，通过这些中心重点解决学生在学习中的困难和问题，辅助课堂教学，为课堂外的个人学习技能、学习心理等问题的解决提供了一系列的路径。最后，积极推动学生参与学校的各种教学活动，通过学生的反馈、协商等过程，形成以人为本的教学环境和制度改革。除了组织一支专门的学校代表团队，参与学校各种重大教学等相关事务，学校还积极推动学生参与全国学生调查，希望通过这一调查知晓学校教学在英国的位置变化情况，更为重要的是获取学生的意见，以便针对性地改进教学。[②]

## 二、学科布局：多元与聚焦

良好的学科布局是办学主体在大学组织层面对学科发展做出的战略性框架，学科之间构成功能互补、相互依存的学科生态链，以多样化的学科种类、优势学科群来体现学科生存能力与竞争力。[③] 从新兴大学的学科布局来看，基本上呈现出一种学科布局多元的特点，但是在多元中也呈现出学科布局特色明显，基础和应用交叉发展的布局结构。

### （一）布局结构：类型多样

新兴大学的学科规模差异较大，如南洋理工大学的学科规模较大，涉及 28 个学科，而浦项科技大学的学科较少，涉及 10 个学科，从整体情况来看，新兴

---

① Quality and Academic Standards Manual [EB/OL]. https://www.dundee.ac.uk/media/dundeewebsite/Qualityframework/documents/QAS-Manual-Nov-2017.pdf.

② National Student Surveys [EB/OL]. https://www.dundee.ac.uk/qf/student-engagement/national-student-surveys/.

③ 武建鑫. 走向自组织：世界一流学科建设模式的反思与重构 [J]. 湖北社会科学，2016 (11).

大学的学科总体规模偏小，因为资源有限，新兴大学的学科并非面面俱到，而是根据办学定位选择较为合适的学科规模（见图 4-1）。

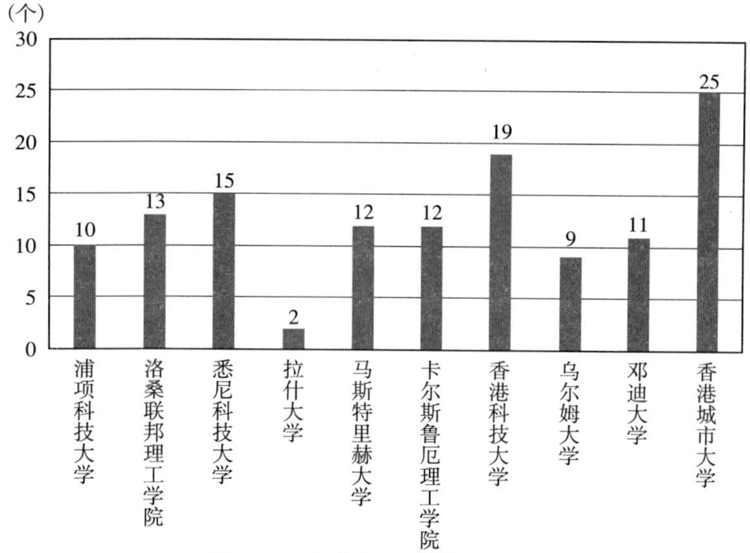


**图 4-1　部分新兴大学的学科规模**

从基础学科的构成看，高校之间的内部构成差异较大，部分学校偏向自然科学，如洛桑联邦理工学院、浦项科技大学、香港科技大学等；部分高校的基础学科分布较为均衡，比如南洋理工大学的基础学科涉及 17 个，包括 4 个人文学科、6 个社会学科、7 个自然学科；部分高校偏向社会科学，如马斯特里赫特大学，基础学科有心理学、经济学、发展研究、政治学等；此外，还有部分大学纯粹是一些专业应用性大学，如光州科技学院、维也纳医科大学、布莱顿和萨塞克斯医学院等。

从主干学科的构成看，应用性学科成为很多高校的普遍选择。如韩国科学技术学院、南洋理工大学、香港科技大学等设置了工学和商学，邓迪大学设置了工程、生命科学、临床医学，乌尔姆大学设置了计算机科学、临床医学、工程等，卡尔斯鲁厄理工学院设置了计算机科学、工程和技术等。鉴于工程学科有很大的社会需求和较高的社会影响力，办学主体为了扩大学校的社会声誉以及进一步丰富办学资源，根据学校的发展需求和学科传统，在主干学科的设置上形成了很大的决策空间，如很多新兴大学对临床医学和生物制药投入了很多的资源，对于解决人体生理健康等产生了很多的社会效应，以邓迪大学为例，该校在生命工程领域的研究成为该校的品牌，学校在该领域已经培养出 10 名皇家学会院士和 27 位爱丁堡皇家院士，为了进一步扩大学校的声誉和竞争力，学校不断在生命工程领域投入资源，围绕该领域不断调整学校的学科发展战略。

**（二）学科发展模式：协同发展**

解决学科间的协同是驱动学科发展的主要模式，一般而言，可以有三种模式。第一类发展模式是理工科交融发展的模式，此类模式的学校主要表现为重点发展工科和理科，根据学校定位集中优势力量打造精干的理工学科群落。如韩国浦项科技大学选择以物理科学、计算机科学、工程技术、生命科学等学科群作为发展的主导力量，通过集中优势资源，打造精干的理工交融的学科发展模式，寻求在学术上的卓越。从理工科协同发展的模式来看，又可以细分为两种情况，一类是理工占据绝对主导地位，形成理与工协同成长的生态体系，这类大学以浦项科技大学、洛桑联邦理工学院等为主，如浦项科技大学共设置 10 门学科，其中 6 门自然科学、4 门工学，仅仅建校 30 年却有两个学科进入全球一流行列，即材料科学和化学工程。另一类是以香港科技大学为代表的群体，这类大学虽然也是以理工科作为发展的重点战略部署，但是仍然设置了相关的人文学科、社会学科，以及医学、商学等应用学科，但这并不妨碍这类高校建设世界一流学科，相反这些学科为学校的卓越学术发展提供了多元的学科基础。

第二类发展模式是文理工协同发展的模式。相比较前一类高校以理工为主导的发展模式，此类高校根据知识发展和育人的要求，在学科设置上，统筹文、理、工学科，按照相互协调、相互渗透的原则，打造文理工共生并存的学科生态体系。要实现这一发展模式，前提是在大学层面设置一定数量及比例的学科，如南洋理工大学，共设置了 28 个学科，占到学科总体的 66.7%，香港城市大学的学科数为 25 个，占到学科总体的 59.5%，如此众多的学科为学校的知识生产和协同育人奠定了良好的基础。当然，最为重要的是此类学校的基础学科与应用学科、人文社会科学、自然科学、工程科学的比例较为均衡，有力地支撑了应用学科的发展水平。同时，文理工相互交融的学科配置也有助于实施创新型人才的培养，如南洋理工大学依托多元的学科结构，浓厚的人文学科，以及高水平的国际联合培养项目，旨在实现“全方位教育、培养跨学科博雅人才”的愿景。

第三类发展模式是社会类集群突破的模式，这类大学以马斯特里赫特大学、俄罗斯经济学院等为主要代表，学校通过社会科学群落为主体，着力打造精干的商学、医学、管理学、法学、艺术设计等若干应用学科，如俄罗斯经济学院成立于 1996 年，在短短 20 年左右的时间里，学校围绕苏联解体后的俄罗斯社会经济改革的需要，重点打造艺术和人文、商务与经济、教育、社会学等学科，一跃成为俄罗斯境内发展最为迅速的大学。再如马斯特里赫特大学在 42 年的办学过程中，结合社会发展需要，逐渐形成了心理学、经济学、发展研究、政治学等社会科学为主体的学科群落，在雄厚的社会科学的基础上，发展计算机科学、医学、商学、法学等应用学科，且这些学科的排名都比较靠前，其中经济与工商管理学院获得 EQUIS、AACSB、AMBA 3 项世界级认证，成为欧洲顶级的商学院之一。

## 第四节　新兴大学的国际化战略

全球化推动大学从提供公共物品到私人物品，从提供当地产品到全球商品，从提供精英教育到大众教育等多种改变，促使高等教育服务贸易不仅在本国普及，而且在全球迅速发展[①]，促使国际化成为高等教育领域的核心问题，继而成为全球高等教育发展的一个基本趋势。对发展中国家或者后发型大学而言，高等教育国际化成为走向成功的一个必然路径。新兴大学作为后发型大学，在追赶传统大学的过程中，必然要借助国际化这一战略武器实现竞争力的突破。

### 一、吸引国际学生：提升国际化的显性指标

国际化的核心指标是国际学生，发达国家在制定国际化政策的过程中无一保留的都是将提升国际学生的规模作为可视化指标予以强化。在《第四次高等教育年度全球调查报告》中显示，美国高校的国际化是派出学生海外留学和招收国际学生，尤其是加大对国际付费学生的招生来加以实现的。[②] 澳大利亚在 2012 年发

① 叶琳，王增涛.中国高等教育国际化：一个类型框架与评价［J］. 比较教育研究，2018（5）.

② Egron-Polak，E.，& Hudson，IAU 4th Global Survey，Internationalization of Higher Education：Growing Expectations，Fundamental Values［R］. Paris，France：International Association of Universities，http：//www.iau-aiu.net，2014.

布《全球化教育》报告指出，“从 2012 年到 2020 年，澳大利亚高等教育国际学生的比例将增长 50%，达到 52 万人”。[①] 加拿大政府的新国际教育战略目标是，未来 10 年加拿大高等教育国际学生将增加一倍。[②] 在这一背景下，新兴大学紧贴国际高等教育的发展形势，将提升学生国际化水平置于国际化战略的优先事项，力求在国际学生的规模上实现大幅度的增加。

从现有的发展来看，新兴大学的国际化水平已经超越许多传统世界一流大学，如瑞士洛桑联邦理工学院的国际学生占比已经超越本土学生，达到 54.8%，荷兰的马斯特里赫特大学的国际学生也接近一半，达到 49.9%（见图 4–2）。

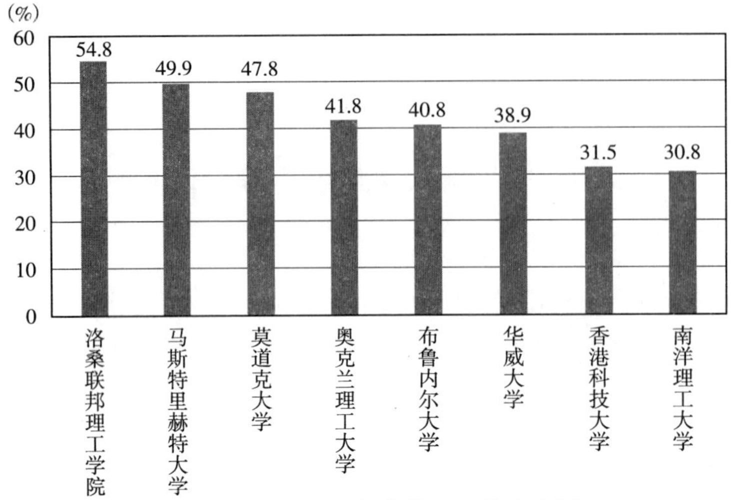


**图 4–2　部分新兴大学的国际学生比例**

资料来源：https://www.timeshighereducation.com/student/best-universities/international-student-table-2018-top-200-universities.

新兴大学的学生国际化是宏观政策和微观实践的双重结果。从宏观政策而言，新兴大学注重搭载地域或国家的国际化政策，从欧洲来看，“伊拉斯谟”项目及其后续的“伊拉斯谟+”项目让新兴大学受益匪浅。伊拉斯谟计划产生于 1987 年，是欧盟主要的教育和培训计划，致力于全欧洲的高等教育流动与合作。

① Australian Education International. Australia–Educating Globally [R]. Commonwealth of Australia, February 2013: 20.

② Foreign Affairs, Trade and Development Canada.International Education: A Key Driver of Canada's Future Prosperity [R]. Advisory Panel on Cananda's International Education Strategy, August 2012: 12.

在伊拉斯谟计划的驱动下，欧洲的高等教育流动获得了巨大成就，在 1995~1999 年，有 46 万大学生参加了伊拉斯谟的流动性项目。① 截至 2014 年，伊拉斯谟计划已实施 26 年，成效显著，影响巨大，在欧盟高等教育国际化的进程中起到了极其重要的作用。为了进一步提高该计划的成效，欧盟在 2013 年启动了“伊拉斯谟+”计划，新计划的首要目标是继续推进欧洲高等教育的一体化和国际化，使得在欧洲取得高等教育学历资格的人数从 32%提高到 40%。② 为了完成这一目标，“伊拉斯谟+”总预算达到了 147 亿欧元，其中分配到教育的比例达到了 77.5%，而这其中 43%用到了高等教育，且主要是在高等教育的人员流动方面。新项目除了继续促进欧洲区域内的流动外，还积极驱动欧盟邻国、亚洲、拉美、俄罗斯及 ACP 国家等学生赴欧留学。如新计划中面向中国的项目主要为中国学生提供了攻读“118 个伊拉斯谟世界计划联合培养硕士学位及 29 个联合培养博士学位的机会”。③

在欧盟的政策外，欧洲新兴大学在学校的发展战略中同样将国际化置于突出的位置。以邓迪大学为例，学校在 2012~2017 年的发展规划中，重点对国际化发展做了部署，文件一方面肯定邓迪大学在国际化方面取得的目标，即“邓迪大学已经是一所国际化大学，依托国际化已经在学习和教学、研究等方面产生了深远的影响”。另一方面对邓迪大学的国际化道路进一步绘制了清晰的路线图，即邓迪大学既要依托国际化提升竞争力，同时还将依托国际化将邓迪大学介绍给全世界。④ 布鲁内尔大学在 2030 年规划中针对国际化专门指出，“未来，布鲁内尔大学要不断提升国际声誉，通过与海外大学和企业建立战略伙伴关系，以扩大研究和教育合作与交流；通过在全球范围内提供教育和加强学术合作创新学校发展方式”。⑤

---

① European Commission. The History of European Cooperation in Education and Training [M]. Luxembourg: Office for Official Publications of the European Communities, 2006: 177.

② Erasmus+: The EU Programme for Education, Training, Youth and Sport 2014 -2020 [EB/OL]. http: //ec.e.uropa.eu/programmes/erasmus-plus/documents/erasmus-plus-in-detail_en.pdf.

③ Available Erasmus Mundus Courses and Partnerships [EB/OL]. http: //eacea.ec.europa.eu/erasmus_mundus/funding/available_partnerships.php.

④ University of Dundee Strategic Planning [EB/OL]. https: //www.dundee.ac.uk/about/university-executive-office/strategic-planning/.

⑤ Brunel University London Global Impact [EB/OL]. http: //www.brunel.ac.uk/about/brunel-2030/global-impact.

## （一）学生国际化：从数量到形式的扩展

国际学生数量的扩展，不断改进新兴大学的国际化声誉及财政收入等一系列可见化指标，而在各种要素的驱动下，新兴大学也将不断扩展国际学生人数作为学校国际化发展的主要工作。在不断的努力下，新兴大学的国际学生规模数量不断扩展，以邓迪大学为例，该校进入 21 世纪后，不断加大欧洲学生和其他洲学生的招生，从表 4–4 中可见，在 2008~2009 年，邓迪大学的学生数中英国本土的学生为 14235 人，国际学生的数量为 3561 人，国际学生占到学生总数的比例为 20.02%，但是到了 2014~2015 年，国际学生的总数为 3629 人，国际学生的比例达到了 24%。

**表 4–4 邓迪大学学生类型构成**

单位：人

| 时间 | 英国学生 | 欧洲国际学生 | 其他国际学生 |
| --- | --- | --- | --- |
| 2008~2009 年 | 14235 | 1004 | 2557 |
| 2009~2010 年 | 13991 | 1002 | 2471 |
| 2011~2012 年 | 12792 | 1343 | 2626 |
| 2012~2013 年 | 12957 | 1441 | 2384 |
| 2013~2014 年 | 12447 | 1437 | 2307 |
| 2014~2015 年 | 11259 | 1390 | 2239 |

再以瑞士洛桑联邦理工学院为例，该校从 20 世纪 80 年代启动国际化进程，开始注重对国际学生的招收，经过 20 多年的发展，学校的国际学生比例已经超越本国学生，成为学校学生的主体构成。从图 4–3 中可见，在 1982 年，学校留

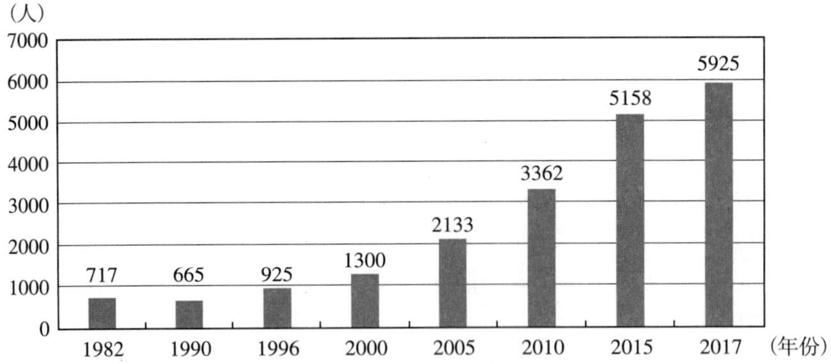


**图 4–3 洛桑联邦理工学院的国际学生人数增长情况**

学生的人数为 717 人，在出现短暂的下滑后，进入 20 世纪 90 年代，学校的国际学生人数开始出现上涨，而进入 21 世纪以后，学校的外国留学生人数更是呈现直线式发展。

在追求数量增长的过程中，新兴大学不仅追求本科生规模发展的国际化，同时也更加注重研究生教育的国际化，再以洛桑联邦理工学院为例，该校在 2000 年尚未有硕士生的国际学生，但是在 2000 年以后开始加大硕士生的招生人数，从 2004 年的 688 人高幅度增长到 2017 年的 2458 人，博士生的招生人数也从 2000 年的 385 人迅速增长到 2017 年 1728 人。从总体增幅来看，硕士生和博士生的增长比例超过了本科生（见图 4-4）。

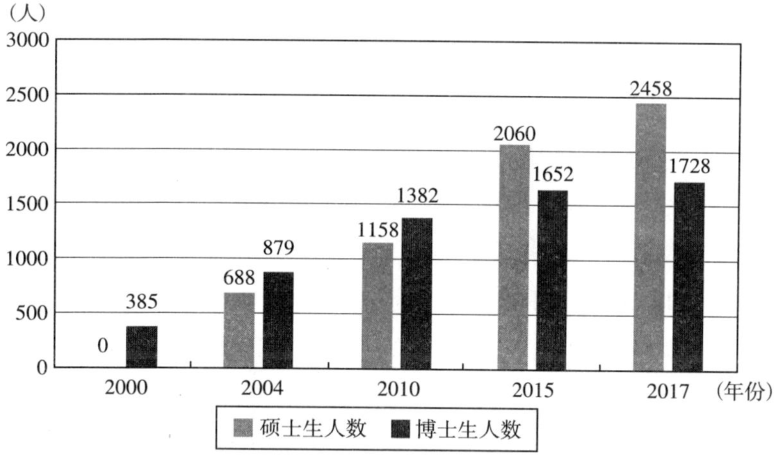


图 4-4 洛桑联邦理工学院的国际研究生招生数

再以英国的新兴大学为例，在学生国际化指标上，英国的新兴大学占据着绝对的优势，这不仅体现在学生总量上，也体现在学生类型上。以华威大学为例，该校的国际学生中，本科学生的总数为 2595 人，但是研究生的人数已经达到 4299 人，占到国际学生总数的 62.36%。布鲁内尔大学的非欧洲国际学生中，全日制研究生占的比例达到了 55.66%。萨里大学的国际学生中本科生总数为 3288 人，研究生人数为 3924 人，本科生与研究生之比为 0.8。

在全日制学生之外，新兴大学还招收远程、非全日制等新形式、新类型的国际学生。这种教育形式，既避免了学生的长途跋涉，同时还能减少教育投入。如邓迪大学每年都会招收部分的远程教育和非全职教育国际学生，其中在 2015~

2016 年的学生中，非全日制的本科国际学生为 18 人，远程教育的国际学生则为 73 人，而在研究生教育中这一全体的规模更大，非全日制研究生的数量为 37 人，而远程教育的人数则达到了 952 人，占到研究生国际学生总数的 56%。

### （二）学生国际化带来的收益与策略

通过扩大国际学生的规模，无疑给新兴大学的快速发展带来了巨大的收益，当然收益不仅仅体现在经济价值层面，同时还体现在国际声誉层面。但是就国际学生带来的收入而言，是最直接和有效的。

以英国的新兴大学来看，华威大学的本科生 2018~2019 年的学费中，本国的学生费用基本上在每年 6700~9200 英镑，而国际学生的学费则达到了每年近 20000 英镑，其中人文社科的学费为每年 18330 英镑，经济、表演等学费为每年 23380 英镑，医学的学费则最高达每年 37290 英镑。① 以澳大利亚的新兴大学来看，悉尼科技大学国际学生的本科学费基本上在每学期 17000~20000 美元，而国内学生的学费则为 2000~3000 美元。②

大量的外国学生涌入所带来的学费收入成为新兴大学经济收入的重要来源，以布鲁内尔大学为例，该校在 2016 年的学校收入中，国际学生（不含欧洲）的学费收入达到了 3433 万英镑。华威大学的国际学费收益更是明显，该校 2015~2016 年招收的非欧洲学生为其带来了 1.27 亿英镑的收入，占到学费总收入的 50%。③

由于看到国际学生所带来的高额收益，同时也由于世界各国高等教育加入到国际学生的争夺行列。因此，要保住国际学生这一“金饭碗”，新兴大学也是采取了各种举措，试图在这一竞争中占据优势。从目前的情况来看，主要通过设立各种奖学金、完善课程结构等吸引国际学生。

#### 1. 多元的奖助学金制度

如何降低国际生的教育成本，成为摆在新兴大学面前的重要问题，而为了解决这些问题，需要学校投入大量的资金支持，设立多种奖学金制度成为关键

① University of Warwick Tuition Fees and Financial Support［EB/OL］. https：//warwick.ac.uk/study/undergraduate/studentfunding/.

② Subject-based Fees for Commonwealth Supported Students［EB/OL］. http：//cis.uts.edu.au/fees/index.cfm.

③ University of Warwick Finance［EB/OL］. https：//warwick.ac.uk/about/profile/finance/.

手段之一。

以英国华威大学为例，该校在研究生教育中投入了大量的资源配置，完善国际研究生的奖学金制度。从现有的情况来看，该校的奖助学金主要分为两种，一种是针对欧洲的学生，另外一种是针对欧洲以外的国际学生。前者主要依托“伊拉斯谟+”的经费资助来实现，后者资助形式则五花八门。“伊拉斯谟+”资助的学习项目一般为每月 280~330 欧元，除了这些固定的资助外，该计划还针对低收入家庭的学生给予额外的补助，一般为每月或额外获得 130 欧元的补助（见表 4–5）。

**表 4–5　“伊拉斯谟+”项目资助情况**

| 学习流动项目补助 | | 实习和培训流动补助 | |
|---|---|---|---|
| 高成本国家 | 330 欧元 | 高成本国家 | 430 欧元 |
| 中等成本国家 | 280 欧元 | 中等成本国家 | 380 欧元 |
| 低成本国家 | 280 欧元 | 低成本国家 | 380 欧元 |

华威大学针对国际学生的奖学金目前大概有 40 项，且与各个国家相互对应。例如，华威大学针对中国留学生推出了“李晓明奖学金”。李晓明原为华威大学的一名学生，后参加联合国的志愿者，在海地地震中不幸丧生，为了纪念他，华威大学特设立了李晓明奖学金。该奖学金主要面向中国学生，最高能给予 20000 英镑的经费支持。除了这个专门面向中国的奖学金外，中国学生还可以申请“迪亚洛奖学金”“奇弗奖学金”“欧佩克发展基金奖学金”“皮尔逊研究基金”等（见表 4–6）。

**表 4–6　华威大学的国际奖学金基本情况**

| 名称 | 面向对象 | 名称 | 面向对象 |
|---|---|---|---|
| BEC.AR 阿根廷奖学金 | 阿根廷 | 康克特克奖学金 | 秘鲁 |
| 墨西哥银行奖学金项目 | 墨西哥 | 范阿德奖学金 | 墨西哥 |
| 博拉沙克项目 | 哈萨克斯坦 | 华威友谊奖学金 | 新加坡 |
| CONACyT 项目 | 墨西哥 | 富布赖特奖学金 | 美国 |
| 加拿大世纪奖学金项目 | 加拿大 | 英联邦—印度奖学金 | 印度 |
| 奇弗奖学金 | 全球 | 全球教育项目 | 俄罗斯 |

续表

| 名称 | 面向对象 | 名称 | 面向对象 |
|---|---|---|---|
| 卡夫土亚奖学金 | 哥伦比亚 | 危地未来奖学金 | 危地马拉 |
| 英联邦奖学金 | 英联邦 | 洪都未来奖学金 | 洪都拉斯 |
| 迪亚洛奖学金 | 全球 | 日本国际货币基金奖学金 | 日本 |
| 让·莫奈奖学金 | 土耳其 | 李晓明奖学金 | 中国 |
| 马歇尔奖学金 | 美国 | NDDC 奖学金项目 | 尼日利亚 |
| 欧佩克发展基金奖学金 | 全球 | 秘鲁总统奖学金 | 秘鲁 |
| 皮尔逊研究基金 | 全球 | 里德荣誉妇女补助金 | 全球 |
| SENESCYT 奖学金 | 厄瓜多瓦 | 卓越挑战奖学金 | 秘鲁 |
| 塞得基金奖学金 | 阿拉伯国家 | 桑坦德大学奖学金 | 哥伦比亚 |
| 无国界科学奖学金 | 巴西 | 新加坡政府奖学金 | 新加坡 |
| 特鲁多基金会奖学金 | 加拿大 | 图洛团体奖学金计划 | 非洲国家 |
| 华威奇乐奖学金 | 美洲、南亚 | 华威香港奖学金 | 中国香港 |
| 全球研究基金 | 乌克兰 | 国家奖学金 | 世界各国 |

2. 核心化的课程结构

完善课程结构，为新入校的国际学生提供可行的、适应性的课程是新兴大学吸引国际学生的另一重要举措。通过加大在语言训练、大学及城市历史和环境介绍等方面设立一些预备性课程，帮助国际学生迅速地适应学习和生活环境，从而减少跨境学习的压力和障碍，不失为一种人性化举措。

以邓迪大学为例，国际学生在入校后会经历一个 IS1 的课程学习阶段，一般为 1 年 3 个学期，主要是学习学科领域的概括性知识，帮助对专业有个初步的理解和认知。完成后方可在第二年进入学位课程的学习。每个 IS1 课程都由一系列的核心模块组成：其一是专业英语的学习，主要在于帮助学生掌握与专业学习相关的英语技能的学习。其二是基础数学与数字素养，这一模块的学习为数学知识和技能提供适当的基础，同时它聚焦于传统的学术交流，教学生如何避免抄袭和学术不善。学生们还学习了在互联网上搜索信息的最有效方法，以及对来源于互联网的材料进行批判性评价的重要性。其三是英国政治和社会，该单元的目的是向学生提供有关不列颠群岛政府和社会的基本介绍，包括简要说明英国自 1945 年以来的变化和发展的历史要素。该单元包括苏格兰议会及其结构的苏格兰政府和社会的独特特征，以及苏格兰社会当前问题的概述。[①]

当然，为了满足优秀和适应性较强的学生的需求，在适应性的共同课程框架外，邓迪大学还允许跨过 IS1 的课程学习，直接进入第二阶段的学习。

以普利茅斯大学为例，该大学针对所有新入学的国际学生提供预备性免费的一对一语言学习课程，课程由讲座、课堂学习、活动等多元化形式组成，涉及的主题多种多样，包括批判性思维、学术写作和语法训练等。课程结构包括：课程作业、一般英语语言技能、学术写作、口头陈述、策略阅读、考试准备等。课程的学习地点也不是固定的，如语言写作是在学校的咖啡馆进行的，发音和语法训练是结合线上线下同时进行的，英语俱乐部的交流活动是在学校的餐馆举行的。除了预备性的语言学习外，普利茅斯大学的英语学习中心还为各个专业课程学习前的国际学生提供一系列的学术英语学习，以帮助适应专业学习。[②]

## 二、鼓励外向流动：培养全球公民

在大量吸引国际留学生的同时，将本校的学生送出去，在全球范围内求学、实习，以扩展视野和学习经历，增加国际合作意识和全球化意识，培养具有全球视野和情怀的国际公民，成为新兴大学人才培养中的重要环节。新兴大学的这一举措是紧贴国际高等教育双向流动的大背景展开的。以英国的新兴大学为例，可见一斑。

欧洲委员会在 2013 年发布了一份白皮书，指出“欧洲高等教育应该望眼世界，并寄希望于通过国际化培养欧洲学生的竞争力和全球视野”[③]，该白皮书还对“伊拉斯谟+”方案下的留学、培训和国际学生流动等资助和担保机制提供了系统性的说明。在欧洲政策的驱动下，英国高等教育国际部主席科林·里奥登领导的一项调查显示，解决阻碍英国高校学生走出去的障碍是未来一段时间英国高等教育的主要内容，提出了英国在高等教育走出去中的挑战，包括：向外流动的内部

① University of Dundee International Incorporated Bachelor's［EB/OL］. https：//www.dundee.ac.uk/international-college-dundee/iib/.

② Plymouth University International Student Handbook［EB/OL］. https：//www.plymouth.ac.uk/uploads/production/document/path/10/10810/PlymUni_Handbook.pdf.

③ European Commission Education and Training［EB/OL］. http：//ec.europa.eu/education/news/doc/higher-education-in-the-world_en.pdf. July 2013.

体制障碍、高等教育流动数据的相对缺乏、学生的语言和跨文化障碍、财政障碍和负担等。在这份报告发布后，英国大学和科学部牵头出台了英国高等教育的向外流动战略。

在英国的政策框架下，英国各地纷纷制定区域内的向外流动战略，如苏格兰政府制定的“苏格兰公民全球倡议”，旨在通过奖学金、资金和研究来支持苏格兰学生的流动性，包括新的可移植性试点，使少数学生能够在欧洲获得奖学金和学生贷款等。北爱尔兰就业和学习部的高等教育战略——“毕业走向成功”，旨在通过增加教学和研究方面的海外国际伙伴关系的数量以及增加教职员和学生的内向流动来驱动外向流动。威尔士议会政府 2013 年关于高等教育的政策声明呼吁各大学加强对毕业生就业能力的掌握，并承诺支持学生和工作人员的外向流动。①

受政策驱动，新兴大学主动抓住机遇，积极推动学生外向流动。以华威大学为例，该校有海外学习经历的学生总数已经达到了 554 人，并且有 600 多名学生计划参加海外学习和实习项目。② 为了扩大学生奔赴海外学习和实习的规模和数量，新兴大学推出了一系列的激励政策。例如，从经费上看，除了“伊拉斯谟+”的经费补助外，很多大学对于学生海外交流期间的学费通过进行减免、提供奖助学金的形式推动学生出国，如华威大学，该校为了激励学生参加海外项目，不仅大幅减少学生的学费，所有参加海外学习的学生只需要给华威缴 1350 英镑的学费（见表 4-7），如果是参加海外志愿者项目的话，则所有的费用全部减免。华威大学还积极拓宽与国外大学的合作，为本校学生奔赴海外提供各种机会，该校目前已经与全球 34 所大学建立了学生海外学习交流的合作项目，这其中包括 13 所中国大学。

在华威大学的海外项目中，最引人注目的是海外志愿者项目，该校目前已经实施的项目包括非洲志愿者项目、华威拉式基金、全球经济学商学学生联合会等。

---

① International Education：Global Growth and Prosperity［EB/OL］. https：//www.gov.uk/government/uploads/system/uploads/attachment_data/file/229844/bis-13-1081-international-education-global-growth-and-prosperity.pdf.

② https：//www.gov.uk/government/uploads/system/uploads/attachment_data/file/229844/bis-13-1081-international-education-global-growth-and-prosperity.pdf.

表 4-7　华威大学 2016~2017 海外学习的费用

| 项目 | 本国/欧洲学费 | 海外费用 |
|---|---|---|
| “伊拉斯谟+”计划（学习 & 实习） | 1350 英镑 | 1800 英镑 |
| 全球交换（学习） | 1350 英镑 | 1800 英镑 |
| 全球工作 | 1800 英镑 | 1800 英镑 |
| 志愿者 | 不收费 | 不收费 |
| “伊拉斯谟+”计划加上一年的交换生 | 1350 英镑 | 17460 英镑 |

以华威大学非洲志愿者项目为例，该项目启动于 2006 年，主要是为非洲教育提供志愿者服务。目前，该项目在 12 年的时间里已经帮助了 46.5 万名非洲儿童。该项目主要依托华威大学的学生、校友等在非洲开展为期 4~6 周的教学服务，同时还对当地的教师进行教学法等知识技能培训，以及为一些优秀的教师提供赴华威大学进行深造的机会，以此提高非洲地区的教育水平。

## 三、国际人才和科研合作：走向卓越的基础

### （一）全球招聘卓越师资

一流的大学需要一流的师资，这是大学走向卓越的亘古不变的真理。为了在短期内，提升自身的教学和科研实力，追求卓越的人才成为新兴大学的战略手段之一。契合国际化发展的机遇，在全球范围内吸引高水平的师资队伍，则成为显著特征。

从新兴大学的发展数据来看，国际教师或者具备海外学历的教师已经成为支撑起发展的主导力量，以浦项科技大学为例，该校的教师队伍中有 80%的教师具有海外文凭，为了实现建设世界一流大学的目标，该校从 2010 年开始，3 年投入了 500 亿韩元，招聘了 10 名诺贝尔奖和菲尔茨奖级别的世界顶尖学者，平均每人支付 10 亿韩元的劳务费和 40 亿韩元的生活补助。① 再以香港科技大学为例，该校的教育科研人员来自世界 24 个国家，海外教授占 52%，其中 1/3 来自北美，教员中 80%以上来自哈佛、剑桥、麻省理工等世界顶尖大学。②

---

① 朱炎军，夏人青. 韩国建设世界一流大学的战略举措：以浦项科技大学为例［J］. 高等工程教育研究，2017（5）.

② Philip G.Altbach，Jane Knight. Higher Education's Landscape of Internationalization：Motivations and Realities［J］. Journal of Higher Education，2006.

卓越的国际化人才为新兴大学的成长带来了巨大的贡献，使得新兴大学的科学研究水平在短时间内达到国际一流水平。以英国邓迪大学为例，该校在20世纪70年代成立了生命科学学院，在短短30年的时间内，通过大量招聘国际人才，该学院的生命科学研究已经达到世界顶尖水平，目前该学院拥有来自世界上50个国家的700多名师资队伍。在最近一次对英国高等教育机构研究质量的评估中，邓迪大学生命科学研究被评为顶尖水平。在2017年QS世界生物科学大学排名中，邓迪在英国排名第5位，在欧洲排名第8位，在世界排名第39位。在莱顿大学科学技术研究中发布的生物医学和健康科学影响排名中，邓迪大学排在欧洲第4位，世界第10位。[①]

**（二）开展高水平国际科研合作**

如果说师资国际化为推进学校竞争力的建设起到了基础性作用的话，那么国际科研合作则加速了竞争力的提升。从新兴大学的发展来看，开展高水平的科研合作，提升国际声誉和科研产出是国际化的一个典型特征。

新兴大学由于成长历史比较短，在经费来源上往往比不过传统一流大学。如何增加经费来源的多元化，成为办学过程中需要解决的重要问题。香港科技大学在2017~2018年，获得了104项内地和国际研究项目，研究经费总额为6740万元，其中国际经费来源包括欧洲研究委员会、中国台湾、韩国、沙特阿拉伯，以及美国等国家（地区）的基金组织等。南洋理工大学与全球573个企业、政府和大学建立了合作研究伙伴关系，通过与这些全球研究合作伙伴的联合行动为南洋理工大学带来了巨大的收益。该校在2017~2018年的科研经费总收入为3.75亿美元，除了政府的资助外，还有大量的经费是来自国际科研合作的经费，例如在2017年该校与美国合作建立的网络物理空间实验室获得了4500万美元的支持。[②]

从国际研究的收益来看，其中获益最多的是英国的新兴大学。英国高等教育在2015~2016年的非本国政府的研究经费总额达到了28.3亿英镑，其中来自欧盟的研究经费支持为8.4亿英镑，其他国际社会的经费支持为4.95亿英镑。[③] 可以

① University of Dundee School of Life Science［EB/OL］. http：//www.lifesci.dundee.ac.uk/about.

② NanYang Technological University 2017–2018 Annual Report［EB/OL］. http：//www.ntu.edu.sg/About-NTU/Pages/AnnualReport.aspx.

③ Higher Education in Facts and Figures 2017［EB/OL］. https：//www.universitiesuk.ac.uk/facts-and-stats/d.ata-and-analysis/Documents/Higher-education-in-facts-and-figures-2017-data.xls.

说，英国是欧洲高等教育一体化和高等教育国际化的最大受益者。在这种大环境中，新兴大学自然不会让传统大学独享“蛋糕”。以华威大学为例，该校为了激励教师参与国际研究合作，为教师申请国际研究经费提供了多种便利途径和激励举措。目前，该校教师可以申请的国际研究经费包括全球挑战研究基金和牛顿基金、全球伙伴关系基金、自然环境委员会需求管理基金、地平线 2020 等项目，这些项目大大激励了教师参与国际研究项目的意愿。

新兴大学开展的国际合作研究，一般主要聚焦于社会亟待解决的、与人类社会密切相关的领域。例如邓迪大学在海湾战争后，与当期的医学院开展合作，致力于当地临床儿童医学的研究。该校与科威特的达斯曼糖尿病研究所合作，致力于研究和解决科威特 25%的糖尿病患者。在 2004 年亚洲海啸后，该校还建立了一个致力于进行人脸识别的研究技术，旨在为灾难后的遗体认知提供基础支持。华威大学与澳大利亚的莫纳什大学建立了一个合作联盟，两所学校围绕纳米医学、医疗保健等展开了一系列的合作研究，如 2014 年世界卫生组织宣布由于抗生素耐药性问题的出现，全球将面临一个“后抗生素时代”全球健康危机，为解决这一问题两所大学组织团队共同致力于抗菌性问题的研究，在顶级国际期刊（如 *Angewandte Chemie*、*Nature Chemical Biology and PNAS*）上共同发表了一系列研究发现，并被全球多个基金会资助支持。

## 第五节　新兴大学的创新创业道路

新兴大学走向创新创业道路，源于大学对生存和发展的诉求，源于对外界环境需求作出的回应，这种诉求与回应从新兴大学诞生的那一天开始就显现出来。正是因为走向创新创业道路，新兴大学才能在传统大学的包围中寻求发展突破，扩展资源获取渠道以及确定社会贡献。诚如克拉克所言：“在环境和大学之间关系的需求和反应的平衡方面，它们严重失去平衡，如果它们保持传统的形式，它们就进入一个几乎永久的不平衡的阶段。要达到一个过得去的平衡要求进行比较好的组合，转型的道路就成为控制需求和提高反应能力的一个手段。”[①] 面对高等教育系统的不平衡状态，新兴大学走上了创新创业的道路，它们积极融入国家的发展战略并趋于在经济社会发展中，承担起“创业”的使命。

## 一、新兴大学的办学理念：经世致用

在高等教育系统内部，一直以来存在两种截然不同的高等教学哲学，“探讨高深学问的认识论方法想方设法摆脱价值影响，而政治论方法必须考虑价值问题”。[②] 这两种哲学观的冲突，贯穿于大学的各个时期。在 20 世纪中后期，在传统大学固守闲逸兴趣的认识论价值观，坚持大学之为象牙塔的办学之道的过程中，一批大学却在经世致用的道路上开启了变革，按照克拉克的说法，这些变革的大学在“理解和使用之间架起了桥梁的实用理性”[③]。新兴大学则将这种经世致用推向极致，而创新与创业则成为主要表现形式。

新兴大学将创新创业贯穿于学校教育教学的方方面面，并通过学校的办学愿景和发展方向价值化，甚至部分高校就是为服务社会经济发展而生的。如香港科技大学在 20 世纪 80 年代创立的时候，正是香港走向现代知识经济转型的时代，与传统大学僵化保守、远离经济建设的理念不同，香港科技大学将促进区域经济的迅速腾飞作为“立校之本”，并将定位确定为“一所在国际上有深远影响，而又致力于为本地服务的优秀学府”。按照这个定位，“香港科技大学要在每一个精选的领域走在国际前沿；要对国家的经济和社会的发展做出贡献；与政府及工商界通力合作”[④]。克拉克对华威大学的特征表述中直接彰显了欧洲新兴大学的价值文化：

一种加强的行政才能，一种自由处理的资金的组合，一个外扩的结构和计划的朝气蓬勃的外围，一种心脏地带的参与新的冒险事业和关系的意愿，以及一种以新的发展方向团结大学和提出一个不同于传统模式的有特色的观点包含一切的

---

① 伯顿·克拉克. 建立创业型大学：组织上转型的途径 [M]. 王承绪译. 人民教育出版社，2003：157.
② 约翰·布鲁贝克. 高等教育哲学 [M]. 王承绪译. 浙江教育出版社，1987：18.
③ 伯顿·克拉克. 大学的持续变革——创业型大学的新案例和新概念 [M]. 人民教育出版社，2008：3.
④ 朱艳. 香港科技大学的成功办学之路及其启示——基于战略创新的视角 [J]. 大连理工大学学报（社会科学版），2011（3）.

创业精神。[①]

为了贯彻这一办学文化，华威大学的战略设计将服务和发展地区作为核心使命和目标。早在《愿景 2015》里，华威大学在五大发展目标中就加入了“大学利益相关者”的目标维度，并把“确保当地社会能够从华威大学的发展中收益”作为重要指标。在新一轮的发展战略中，在华威大学确定的新六大目标中，“促进社会、文化和经济发展”依然是核心目标，而达成这一目标的途径则是“培养符合经济和社会发展的人才；增进全球和地区利益的研究以及创建以华威为核心的创新网络、创新精神和创新群体”。[②]

新兴大学以学术创业作为定位，并没有否认大学的学术性组织属性。博耶将大学学术分为发现的学术、整合的学术、应用的学术和教学的学术，按照这一理解，新兴大学从事的学术活动主要是应用的学术。针对应用的学术，博耶认为当知识发现出来以后，应该运用到实践中，学术应用是一个双向的过程，学术可以从理论到实践，也可以从实践到理论。新兴大学正是通过发展应用的学术，将知识的潜在价值转化为现实价值，将知识的学术价值拓展到经济价值，从而以学术哺育学术。可以说，创业型是新兴大学发展的主导理念和取向。

## 二、学术创业：学术资本积累的基础与关键

社会学家皮埃尔·布迪厄（Pierre Bourdieu）认为，资本是一种积累的劳动，它需要通过时间对劳动进行积累，同时资本是一种以同一或扩大的形式获取生产利润的潜在能力，一种进行自身生产的潜在能力。[③]新兴大学的主要资本形式是学术资本，学术资本的积累是一种基于实践的学术活动，一所大学积累、拓展学术资本的能力则受制于其学术运行机制，包括大学的学术产出形式、基层学术组织形式、学术资源的配置方式等，这些构成了克拉克所说的大学学术心脏地带。新兴大学要激活学术心脏地带，需要不断提升学术创业的能力，最显性的指标体现

---

① 伯顿·克拉克. 大学的持续变革——创业型大学的新案例和新概念［M］. 人民教育出版社，2008：2-3.

② Goal Five Champion Social，Cultural and Economic Growth［EB/OL］. https：//warwick.ac.uk/about/strategy/goalfive/.

③ 宣勇，张鹏. 激活学术心脏地带——创业型大学学术系统的运行与管理［M］. 高等教育出版社，2013：53.

在两点，其一是基于学术创业的资源获取方式，其二是基于现实问题结局的学术解决能力。

### （一）学术创业：资源获取的主要路径

丹尼尔·若雷认为主导高校战略发展的两大维度是资源和主导哲学。资源是大学全部活动的基础，是大学最关心的因素，直接关系到大学的生存和发展。主导哲学决定大学的发展方向，是大学的办学理念和指导原则。① 丹尼尔在这两大维度上，构建了高等院校的二维模型（见图 4–5）。

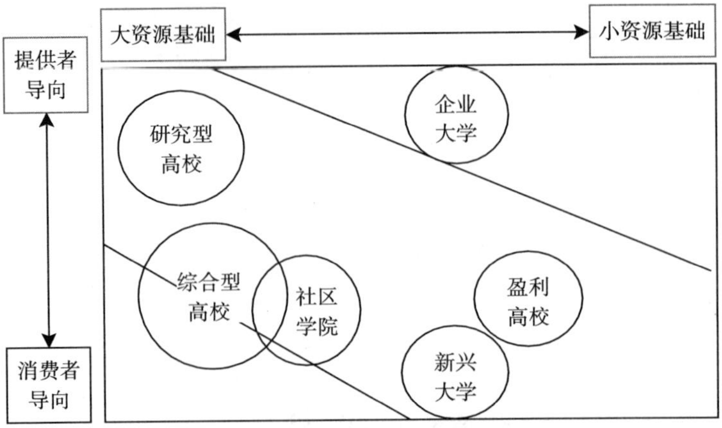


**图 4–5　高等院校的二维模型**

在这个二维模型中，资源是第一维度，这一维度的重要性在于资源的相对多寡能增强或削弱高校内部进行主要变革和把握主要机会的能力。它的重要性还在于，占有的资源多，院校在追求其变革时就有更多的自由，占有的资源少，就迫使院校更加努力，寻求有限的战略机会。院校哲学是第二个维度，“提供者导向”是指院校遵循更为传统的学术方式对知识的生产和传播进行部署，这类院校从事的研究在本质上是创造性的发现研究，且研究的价值高于教学；“消费者导向”的院校对市场有更多的认识，并根据市场来设计研究进程和课程设置，它们从事的主要是应用研究，而不是纯研究，在教学上也力求做到优秀，并将其作为对日益增长的、选择性的、学习者需求导向市场的主要吸引力之一。② 按照这个二维

①② 丹尼尔·若雷，赫伯特·谢尔曼. 从战略到变革——高校战略规划实施［M］. 广西师范大学出版社，2006：23.

模型，传统的研究型大学、综合大学由于受政府资助较多，占有的资源也就相对较多，但是相比较而言，新兴大学等高校由于年轻等性质，尚未能获得充沛的资源，这也就决定了它们必须要坚持“消费者”导向的路径。因此，从事应用研究、提供社会需求的办学成果成为新兴大学获取资源的重要途径。

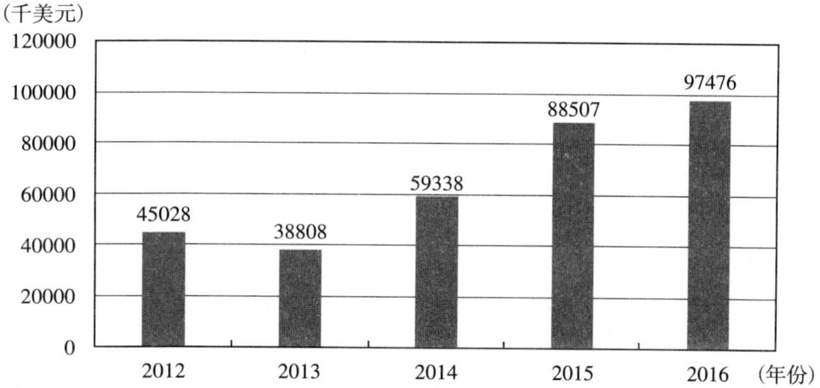


**图 4–6 南洋理工大学的校企研究经费**

以南洋理工大学为例，该校在建校和发展过程中，并非依托政府投入作为主要的经济来源，而是依托服务社会发展和产业发展的需要，紧密对接产学合作，促进资源的多元化。该校每年除了政府拨款外，还有大量的经费需要自己去筹措，其中加强与企业的合作，协助企业开展应用研究为其科研经费提供了多元化的渠道。早在 2012 年，南洋理工大学来自企业的收入就占据世界第一的位置。[①]在图 4–6 中展示了该校在 2012 年至 2016 年，学校校企中心的研究经费收入，该中心通过获得研究经费，从事一些应用性研究并将结果投入市场，产生经济效益，在短短的五年时间里，校企中心的研究经费翻了一番，可见该校在应用性研究领域的资源获取能力是十分突出的。

此外，南洋理工大学每年会从政府、各种社会组织和企业获得大量的研究经费用于突破社会亟待解决的问题研究。此类研究一般若取得进展，则会对社会发展产生重大影响。例如，该校在 2014 年获得了高达 2400 万美元的资助用于开展有关衰老和癌症的研究，2015 年该校获得 4200 万美元用于开展新加坡 3D 打印

① NTU Annual Report 2013［EB/OL］. http：//www.ntu.edu.sg/AboutNTU/Pages/AnnualReport.aspx.

的研究等。

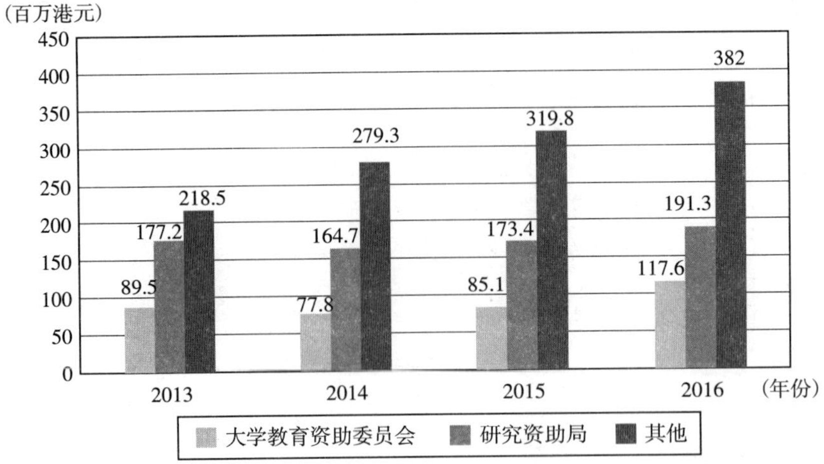


**图 4–7　香港科技大学 2013~2016 年科研经费的基本情况**

再以香港科技大学为例，该校的科研经费主要分为三部分，包括来自大学教育资助委员会、研究资助局、其他组织的经费，其中其他组织包括各种境内外基金、企业、研究机构提供的经费等。香港科技大学凭借其在创新领域的实力，除获得本地政府的拨款外，还获得了充沛的科研经费支持，并超越了本地的经费来源，成为香港科技大学科研的主要经费来源，如香港科技大学在 2016 年获得的境外科研经费达到了 6740 万港元，来自政府内的研究经费支持达到 3470 万港元。香港科技大学获得的研究经费主要用来针对全球前沿、社会效益明显的问题展开研究，如该校与麻省理工学院联合开展的网联网数据及其先进技术的研究获得了产业界的一致认可和争相投入，该项目在 2016 年获得了超过 5200 万港元的资助（见图 4–7）。

**（二）创新创业与区域发展**

大学的成长土壤是城市，大学发展成效的最佳体现是其对城市发展的推动，这一点在新兴大学的身上表现得尤为突出。因此，在发展的过程中，如何融入城市、服务区域，成为新兴大学走向成功的关键。从新兴大学的发展经验来看，其发展的主要依托是所在区域，它既需要从区域获得发展所需要的资源和支持，同时也要开展与区域的合作，通过人才培养和校企合作等方式，为地区的发展提供人力和技术支持。

1. 新兴大学发展定位与城市发展的融合

从大学发展历史来看，大学的出现是与区域城市的定位密不可分的，如受博洛尼亚地区发展的需要，博洛尼亚大学最初以医学和法律为主要发展方向，成立于 1881 年的利物浦大学因地区工业发展的需要抛弃了绅士教育的思维等。新兴大学在建校之初，同样明确了服务地方、建立与城市定位相一致的发展战略才是生存之道。

以浦项科技大学为例，这所坐落于韩国浦项的大学正是契合了区域发展需要，才得以在短时间内成长为一流大学。20 世纪 70 年代，在日本的技术援助下，韩国浦项的制铁技术获得了高速发展，并对日本的相关产业产生了冲击，日本在不安的情绪中停止了对浦项制铁的技术支持。为了服务本地钢铁产业的发展需求，1987 年，浦项制铁公司投资成立了浦项科技大学。浦项制铁公司首席长官朴泰俊在谈到浦项科技未来的发展中指出，“为了进一步发展技术并在 20 世纪 90 年代成为该领域的龙头企业，浦项制铁公司迫切需要世界一流人才和科研能力，我们建立这所以研究为导向的大学，因为我们相信行业和工业研究机构和大学间的密切联系将使我们的梦想得以实现”。① 秉持着这种办学理念，浦项科技大学专注于提升浦项市和浦项制铁集团的需求，一方面在专业设置上紧密结合城市钢铁产业的发展；另一方面通过吸引全球卓越人才，为浦项市的社会经济发展做出了突出贡献。正是由于浦项科技大学的存在及其为浦项市所做的贡献，驱动着浦项市逐渐发展为韩国环东海地区的中心城市。

所以，新兴大学与城市的融合不仅仅是区域位置的融合，更多的是一种相互促进、校地共建的融合。尤其是在知识经济驱动社会发展愈加明显的时代，城市要实现在短时间内成长为中心城市乃至国际大都市，依托大学则是一种最佳选择，而大学在驱动城市走向卓越的过程中，其人才培养的质量、科技发展的速度、社会服务的水平都会取得快速的发展。

2. 新兴大学的突破：解决城市关键问题

新兴大学成长的过程中，契合城市发展需要是首要一步，这为新兴大学确立

---

① 菲利普·阿特巴赫. 世界一流大学：发展中国家和转型国家的大学案例研究［M］. 上海交通大学出版社，2011：81.

办学目标奠定了基础。然而，新兴大学要实现跨越式发展，最为关键的还是要解决城市发展的关键问题。

如香港科技大学的崛起就是在不断解决城市发展的关键问题中实现的。在20世纪八九十年代，“亚洲四小龙”将制造业转移至成本较低的亚洲其他国家，开始走向产业转型升级的道路。相比较其他地区的发展，香港的科技创新能力相对较弱，且区域内的大学从事应用研究的能力不足，因此难以支撑起香港产业转型和发展新兴产业的战略需求。香港科技大学的成立就是要突破和解决香港发展新兴产业的这一关键问题。在香港科技大学的章程中明确指出“香港科技大学的办学宗旨是通过教学和研究，促进学术、追求知识，学科以及科学技术、工程、管理和商业为主，协助香港的经济社会发展”。[①] 为了促进香港经济的转型升级，香港科技大学积极与当地工商业界通力合作，在政府的促成帮助下建立了一条龙的“生物链”，这条“生物链”包括了研发资金委员会、应用技术中心、技术转让中心等，这条工作链密切了学校与香港社会商业界的联系，便利了学术研究与社会需求的对接。香港科技大学在对接社会需求的过程中，确立了六大重点研究领域，即：纳米科技、生物科学及生物技术、电子学、无线通信及资讯科技、环境与可持续发展、工商管理教育与研究。[②] 香港科技大学在战略的指导下，无论是软件还是硬件方面均投入了大量的资源，并相继产生了一系列成果，拥有了全香港独有的海洋颜色卫星接收站、材料测试试验所、首个风洞设施“中电风洞试验所”和超大型岩土离心机试验所等，同时也结下了丰硕的成果，如在纳米科技领域研制成功的全球最细的单壁纳米碳管，被誉为“2000年四大材料发现”之一，2002年香港科技大学与香港政府合作投入1亿港元，继续重点对香港的纳米材料产业提供科研支持。再如香港科技大学在电子自动化研究和教学领域的成就，不仅创新了世界顶尖水平的科研成果，同时培养的人才创建了包括大疆创新、李群自动化、云州智能、逸动科技和奇诺动力等优秀的科技公司。

与传统大学经历的变革不同，新兴大学在面对城市及其区域发展的过程中，采取的是主动供应的模式，通过发展重点研究领域、实施技术转让、创建校办企

① 香港大学章程［EB/OL］. https：//www.ab.ust.hk/ccss/Statutes.htm.

② 朱艳. 香港科技大学的成功办学之路及其启示［J］. 大连理工大学学报（社会科学版），2011（3）.

业等主动去解决和突破城市或区域的重大创新问题，驱动城市的可持续创新发展。

## 三、创业教育：人才培养的基础环节

新兴大学因其社会服务功能的导向相较于传统大学更为突出，以创业教育带动本校、本区域、本国乃至世界的发展是其生存之道。创业教育是大学服务社会职能的有力推手，创业教育又可以与培养人才、科学研究、社会服务三种职能相互融合，因此，新兴大学的创业教育是连接教学、科研和社会服务的纽带。

### （一）创业教育的基本目标：对接人才培养目标

新兴大学对各自学校发展过程中如何培养人、培养什么样的人都有明确的界定，创新创业教育在遵照学校教育教学的总体目标上顺势而为，对照总体目标确定了创新创业教育的分目标。如南洋理工大学的人才培养目标是“致力于培养具备科技知识、人文素养、创业精神和国际视野的全球领袖”。[①] 这一目标在南洋理工大学的科技创业中心的理念中也体现得淋漓尽致，它的核心愿景是“在科技创业与创新教育方面成为世界上最具影响力的权威机构”，其中，又可分为 4 个不同层次的愿景：①作为国家致力于推进和发展创新环境的主要伙伴，成为高速增长的技术型公司充满活力和蓬勃发展的部门；②在最好的创新和创业教育环境中为学生提供必要的技能和知识，让他们成为 21 世纪成功的企业家或内部创业家（企业家）；③让南洋理工大学创新与创业教育和与产业相关的应用研究方面在亚太地区成为技术中心；④要使南洋理工大学成为亚太地区深深热爱创业和创新者的最佳组织及工作场所。

香港科技大学的使命非常简单，一是要力争做全世界一流的研究，二是要对我们所在的环境做出贡献。对于学生和教学，也做了非常多的安排，有非常完备的跨领域的教学，学生有最大的自由度去选他所想要上的课，甚至可以设计在大学四年里想要的课程。香港科技大学强调在自由的学习气氛下，培养对社会和所处环境做出贡献的学生。香港科技大学对学生的期待包含了以下三点：首先是毕业生必须是有诚信正直的能力，以做人为根本；其次是学生在校园里学到的东西能够学以致用，努力贡献给企业，贡献给社会；最后是经济上的贡献，不仅要创

① 关于南大［EB/OL］. http：//www.ntu.edu.sg/chinese/aboutntu/Pages/introduction.aspx，2017-12-07.

新创业，还要创富。如果可以做创新创业，财富自然会来，如果可以为社会做出贡献，那么就会得来财富，实现互赢互利。香港科技大学创业中心创立于 1999 年，最初是创业计划，是支持校园创新和创业的中心。它运行的活动和资金，用以培养一个企业家校园，培养冒险的价值创造的思想。通过香港科技大学社区（学生、校友、教授和支持人员）的直接鼓励和参与，努力培育下一代企业家，这些企业家对香港和其他地区的经济和社会发展产生商业、社会或文化影响。

### （二）新兴大学的创业课程结构

创业教育具有很强的学术性和多学科的综合性，要保障创业教育的成效，需要设计一套具有科学性的课程结构。新兴大学在设计创业教育课程结构的过程中认识到，创业教育并不是这些学科知识内容的简单累积，需要根据课程目标攫取创业教育所必需的成分并进行系统整合。

1. 创业课程结构组成

（1）南洋理工大学创业教育课程结构。

新加坡高校推行学期单元制选课制度。在本科生方面，南洋理工大学首先设立了辅修课程、短期课程等不同种类课程，适应多方面、多层次需求。同时，针对创业教育类项目，南洋理工大学还区分层级、属性进行不同比重设置，形成了极具国际化水准和前瞻性模式的创业教育课程体系。研究生就业打造多平台、多渠道、多视角经典案例。创业与创新理学硕士课程致力于培养具有技能和毅力的全球企业家，将新颖的想法转化为当今知识经济时代的成功企业的创业型企业家或经理人。具备创业精神，掌握基本的商业知识，促进个人创业、增进财智，帮助创业衍生行业的从业人员谙熟创业之道，为创业型企业服务；协助发展中的企业增强创新实力、保持竞争优势，迈向成功之路。此外，南洋科技创业中心还为其他群体（交流生、非全日制学生、在职工作者、新创企业者、企业管理者等）设计了丰富的创业课程，主要以短期课程、创业培训班、研修课程等形式教学，深受学习者的青睐。南洋理工大学还是考夫曼校园计划的成员之一，考夫曼创业快捷课程分三种不同的课程类型，为提升学员的创业能力提供不同的课程内容。其创业教育课程如表 4–8 所示。

**表 4–8　南洋理工大学创业教育课程**

| 课程类型 | 课程名称 | 课程概况 |
| --- | --- | --- |
| 理论课程 | 创业导论 | 探索创业基础。学生能够更好地理解创业；掌握在创业过程中会遇到的问题；最重要的是知道怎样才能成为一名企业家 |
| | 创业辅修 | 培养学生基本的创业能力、商业头脑和后劲，以建立和发展企业。学生将以丰富的开放思维，将创新理念融入实践，激发学生在这个不断变化的世界中冒险，更具适应性 |
| | 电子创业和社交媒体战略 | 提供社交媒体营销的基本知识，尤其是对于初创企业。学习如何制定社交媒体战略规划，引进各种初创企业可能会用到的社交媒体工具，掌握社会商业的概念、社交媒体指标、社交模式和货币化等话题，全面了解社交媒体营销 |
| | 大学生创业创新海外研修课程 | 培养本科生的创业创新能力，了解从商业点子到创建企业的全过程，同时教导学生从市场和人本的角度出发开发产品，学习创新思维的方法，亲自完成一个小型商业计划，达到思想的蜕变 |
| | 创业与创新理学硕士课程（MSc TIP） | 培养具有技能和毅力的全球企业家，将新颖的想法转化为当今知识经济时代的成功企业的创业型企业家或经理人。学生能够具备创业精神，掌握基本的商业知识，促进个人创业、增进财智，帮助创业衍生行业的从业人员谙熟创业之道，为创业型企业服务；协助发展中的企业增强创新实力、保持竞争优势，迈向成功之路 |
| 实践课程 | 中小企业高潜质经理人领导力课程 | 从企业生态系统的角度出发，帮助传统企业深入了解企业经营的本质，发现自身核心价值，运用互联网时代的新技术和创新商业模式，再造新时代企业竞争力 |
| | 南洋考夫曼新创企业创业快捷课程（Fast Trac ®New Venture™，简称新创企业） | 探索创业，识别并满足市场需求；客观评估自己的理念和前进的计划；学习营销、产品/服务开发、管理和财务等业务基础知识；开始为业务运营和流程构建基础架构；探索市场中的风险和成功因素；了解如何访问人力、财务和业务资源；与企业家和专业人士建立网络；应对可能影响业务的变化；制定可行的商业计划 |
| | 南洋考夫曼技术创业快捷课程（Fast Trac ® Tech Venture™，简称科技创业） | 除了理论和假设之外，学生还要对商业进行分析。发现在开始、运营、资助或发展技术或生命科学业务时需要考虑的事项：确定市场机遇和商业策略并成功地追求；定义你的目标客户；制定稳固的营销计划；学习评估和建立高层管理团队；计算在业务的每个阶段所需的资金，并发现最佳的方式来访问它；了解通过许可证、专利、商标和版权保护知识产权的重要性；进行电梯游说和投资者介绍 |
| | 南洋考夫曼成长企业创业快捷课程（Fast Trac ® Growth Venture™，简称成长创业） | 分析当前的商业情况；做出关于自己的商业愿景和战略的关键决策；调查下一阶段的增长和机会；确定增长模式和策略增长计划；建立并保持竞争优势；最大化现金流量为未来盈利；建立一个支持自己的愿景和战略计划的预算；找到方法来加强自己的产品/服务；确定适合自己市场的最佳销售策略；优化管理团队的角色和责任；发现支持自己日益增长的业务所需的运营系统；实施商业计划 |
| | 创业创新能力发展系列课程 | 从企业的生命周期和企业经营两个维度出发，建立了完善的教学架构，涵盖创业过程和企业经营中所面临的大部分问题，包括战略、营销、组织、商业模式、技术、知识产权等不同方面 |

南洋理工大学创业教育课程结构紧凑高效，有效地发挥了南洋理工大学跨学科、跨领域的学术优势，并结合软实力创新，设计思维，商业模式创新及创新战略管理等国际最新创业教学理念，与时俱进。

（2）华威大学创业教育课程结构。

华威大学本科生创业教育课程是由主辅结合的模块课程组成，各种模块按照类别又可以分为核心模块（Core Modules）、选修模块（Optional Modules）以及选项（Options）。贯穿学位始终的是不同课程模块的学习内容，这些学习内容包括理论知识、实践工作和设计项目。在第一、第二学年，课程模块将在应用范围内为学生提供任务、问题和基于项目的学习，学生根据自己的意愿，可以只集中申请专业相关课程，或申请选择不听学科的课程。学生在第三学年进行能力训练，进行企业实习、项目学习等。

硕士学位的学生还在第四年进行更加专业的学习，进一步学习精细的创业知识、管理能力、综合技术。[①] 华威大学的研究生学历培养分为研究硕士和课程硕士（Taught Degree）两类。全日制授课式硕士可以在 1 年内完成学业。全日制硕士课程结构完备，以便学生能够将各种模块课程进行灵活组合。学生至少应该完成 10 个模块的课程，之后要完成后期模块任务，与此同时要做一个主要研究项目。所有课 10 月开始，为期 12 个月。其创业教育课程结构如表 4–9 所示：

**表 4–9　华威大学创业教育课程结构**

| 课程类别 | 课程名称 | 课程概况 |
|---|---|---|
| 理论课程 | 企业家精神与新业务 | 了解企业家身上所具备的精神品质，在中小企业当中工作的前景如何，小企业是否具有创新性和创造力，企业为什么会倒闭等内容 |
| | 创业：批判的视角 | 激励学生创业，让他们对创业过程、筹建和运行一个新的企业的主要步骤进行跨学科的了解。适用于本科生 |
| | 创业与商业投资 | 围绕创业的背景，理解新型和小型企业以及不同类型的企业家的性质、作用和功能；欣赏鼓励公共决策者和从业者支持企业家精神和中小型企业部门的因素；了解企业形成和发展的态度、资源、业务和战略困难；欣赏企业家的特性、资源和贡献；并在各种情境中检验创业过程 |
| | 创业与商业化 | 通过解决相关问题来整合来自核心模块的信息将生物科学中的想法转化为商业现实 |

① 白逸仙. 创业教育与专业教育融合研究——创业型工程人才培养模式的建构［M］. 社会科学文献出版社，2015（9）：116.

续表

| 课程类别 | 课程名称 | 课程概况 |
|---|---|---|
| 理论课程 | 创意文化产业 | 发展领导能力、战略管理能力和沟通技巧，使大家将来有能力完成一个创意项目或业务，管理一个创意团队；①了解国际政治、经济、文化和社会背景，进行更具有创造性的媒体企业运作；②开发一个经营理念；③提高学生批判性思维能力和考虑新观点培养新想法的能力；④建筑属于自己的新概念空间并且加强对创造力的理解和管理 |
| | 数字创新与创业 | 了解企业形成和发展的态度、资源、业务和战略困难；欣赏企业家的特性、资源和贡献；并在各种情境中检验创业过程 |
| | 创新与创业理学硕士课程 | 掌握商业理念产生、设计、开发和应用实施，以及改进的最新最前沿的方法和技术。适合有意从事全球商业创新项目设计、开发和管理工作的人士 |
| 实践课程 | "增进本科生社区知识"项目等 | |

华威大学从不同层次出发，在本科生阶段，强调创业教育课程与其他课程相结合，研究生阶段强调创业领域的专业深度，具体可分为创业启蒙教育、创业通识教育、本科生与研究生阶段的创业专业教育三层次的创业教育课程。华威大学的创业教育课程多以核心主题划分，在核心主题下设置核心模块课程，还要掌握所学专业必备的基本专业知识。此外，学生可以根据自己的兴趣和需要，在多项选修模块中适当调整。

2. 创业教育课程结构特征

（1）侧重创业精神类课程。

新兴大学创业教育不仅教给学生技术或者训练职业，更要培养学生的创造力。让学生充满想象力，展开哲学层面的学习才是高校创业教育的应然追求。这种理念指导下的课程模式才符合创业教育特性和学生需求，从而使学生终身受益。侧重创业精神类课程旨在提升学生的创业意识和创业精神。新兴大学中的创业通识课程、创业辅修部分课程以及创业体验式课程着重对学生进行素养培育。

南洋理工大学旨在通过各种课程提供重要的创新和企业家心态，创业辅修和《创业导论》就是其中的典型。《创业导论》课程主要是为了提高学生的创业意识，引导学生养成创业思维，让学生关注创业、了解创业。香港科技大学《创业专题》探讨有关创业精神的内容，及新兴和/或热门话题。《创业研讨会和阅读》通过研讨会和阅读材料渗透创业精神，涵盖各种主题，分享从业者和投资者的经验。学生可以根据他们的兴趣选择开展研讨会和阅读材料，包括创业环境、团队形成、融资、成功和失败的因素，社会创业和创新等，也可能需要实地考察。《结构化指导：鼓舞人心的领导力》也是旨在培养学生的创业精神的课程。从这门课程中，学生可以学习如何：①培养学习的热情；②培养机智和创业精神；③接受丰富的心态；④在保持自信的同时，有勇气谦虚；⑤发展决策技能，包括确定重点；⑥接受行动和观点的问责。注册该课程需要教师批准。华威大学学生可以通过《企业家精神与新业务》这一课程了解企业家身上所具备的精神品质，在中小企业中工作的前景如何，小企业是否具有创新性和创造力，企业为什么会倒闭等内容。《创业与商业投资》课程的主题知识与理解要求包括：创业中的主要关键作品；了解中小企业在经济中的作用和重要性；展示对小型企业的公共政策目标的了解；展示有关企业家的作用、性质和功能的理论知识；了解创业的经济、心理和社会学理论的主要特点；应用各种概念来理解新业务在几个环境中的创建和增长。通过这门课程的学习，学生能够了解中小企业的创业形态，增强创业意识。

除了理论课程外，实践课程中如何培养学生的创业精神同样受到重视。南洋理工大学《领导力和团队合作》是三天两夜的实践课程，课程的主要目的是培养团队精神和领导能力。创业辅修优秀的学生，将进行海外创业相关事件和沉浸式之旅，进一步培养企业家精神。此外，该校还有一个 8 日创业学习之旅（8-Day Entrepreneurship Learning Journey），分析新兴大学创业教育课程内容。该课程重点关注六个学习方面，传授创业精神和创业知识，获得创业相关素养，帮助学生在短时间内打开创业之门。通过各种综合的学习和开发商业计划书的参与，学生将体验到成为企业家的喜悦和挑战。本课程专为对创业有浓厚兴趣的本科生或研究生而设计，在新加坡学习。①

（2）注重知识获取类课程。

获得创业就业所需要的知识结构是创业教育的主要内容，这需要大学不断去了解和把握市场，在充分把握社会需求的基础上，设计一套严格、可行的知识类课程。从新兴大学的发展经验来看，知识类课程的主要形式是采取嵌入方式，将

① Nanyang Technopreneurship Center [EB/OL]. http://www.ntc.ntu.edu.sg/Programmes/ChineseEntrepreneurshipDevelopmentProgram/Pages/index.aspx.

创业课程融入相关学科专业中，通过融合性的、跨学科的课程框架提升学生的创新创业专业水平。

首先，从嵌入型课程来看，南洋理工大学本科生《电子创业和社交媒体战略》课程为初创业者提供社交媒体营销的基本知识，制定社交媒体战略规划。本课程深入探讨社交网络、社交媒体平台和在线广告。学生将学习如何利用各种社交媒体工具，重点将放在有利于初创企业和小企业的工具上。本模块的主要目标是为参与者提供社交媒体营销的基本知识。再如香港科技大学《工业景观：了解创业要素》课程由工程、科学和工商管理学院共同承担。它通过考察创业和介绍各个行业市场的重要元素，让学生了解各行业的景观，目标是让对创业感兴趣的学生接触各种生态系统的多样性，竞争、互动和决策过程。

其次，除了嵌入型课程外，南洋理工大学和香港科技大学还设立了辅修课程来提升知识水平（见表 4–10）。如南洋理工大学开设的创业辅修课程致力于培养学生基本的创业能力，这个课程也被学生们称为“转型学习经历”，通过学习这

**表 4–10　南洋理工大学本科生创业辅修课程内容**

| 课程类别 | 课程模块 | 课程内容 |
|---|---|---|
| 理论课程 | 新企业的创业和营销 | 为学生提供创业过程的重要信息。该模块包括企业家精神概念、创造、创新和创业产生过程。学生将学习如何生成想法，识别机会并调查一个想法是否可以通过可行性分析成为可行的业务 |
| | 企业会计与财务模块 | 参与者将学习收入如何产生、如何收集资金来源、如何控制现金流量、如何评估公司在货币方面的成功，以及如何评估一个公司的各种用途的价值 |
| | 管理成长型企业 | 企业的创业和成长总是牵涉人力和财政资本。管理越来越多的人力资源，并说服风险投资家投资成为发展企业的两个主要问题。学生要写一个有说服力的商业计划来吸引风险投资 |
| | 企业战略 | 这是一个身临其境的体验学习模块。学生用在线业务模拟器体验这一平台虚拟媒体管理业务的过程。学生们面临着一些企业家们面临的主要商业决策——增长风险和与其他公司竞争的问题 |
| | 商业风险实施 | 这个模块由两部分组成。在 A 部分，学生需要创建和运行他们选择的真正的业务，而在 B 部分，学生要参加研讨会，与投资者等企业家建立网络关系，并报告他们学到的东西 |
| 实践课程 | 领导力和团队合作 | 为期 3 天的高影响力领导力和团队合作课程有利于学生进行挑战他们通常不做的体力活动。课程培养团队精神和领导能力 |
| | 海外创业相关事件和沉浸式之旅 | 优秀的学生可能会被选入海外创业相关事件和沉浸式之旅，参观名校、访问交流等 |

门课程，学生可以了解到创业如何不仅仅是开办新的企业——这是一种心态的转型，创业教育首先是创业意识和创业精神的习得。学生也将学习确定何时以及如何抓住变化带来的机会，即机会识别模块。

（3）扩展创业能力型课程。

创业能力是从事创业活动所必需的技能和心理条件。新兴大学为培养学生的创新创业能力，开设了类型多样的课程。按照类型来看，其一为硕士类型的课程，如南洋理工大学的创业与创新理学硕士课程，该课程始于2002年，旨在培养勇于创业、敢于创新、具有凝聚力和领导力，能适应全球化发展及知识经济时代的创业型企业家或经理人，课程内容既适用于个人创业、增进财智，也可以帮助创业衍生行业的从业人员谙熟创业之道，为创业型企业服务；更可以协助发展中的企业增强创新实力、保持竞争。理学硕士课程可以为一年制全日制研究生课程或两年制非全日制研究生课程。其二为能力发展课程。南洋理工大学创业创新能力发展系列课程包括未来企业家、成长企业家、成功企业家三种不同领域的课程。“未来企业家”的课程领域涵盖了大学生创业创新海外高级研修、高等教育创新与创业高级研修两类课程；“成长企业家”由商学院海外课堂、中小企业高潜质经理人领导力课程、考夫曼创业快捷课程、南洋理工大学数字经济创新沉浸课程四门课程组成。

# 新兴大学案例研究 第五章

**If I get to be me，I belong. If I have to be like you，I fit in.**

——Brene Brown，Braving the Wilderness

本章撷取了中国的香港科技大学、韩国的浦项科技大学、新加坡的南洋理工大学、澳大利亚的悉尼科技大学、英国邓迪大学 5 所新兴大学进行案例研究。

## 第一节　香港科技大学案例研究

香港科技大学（Hong Kong University of Science and Technology，HKUST，以下简称港科大）成立于 1991 年，经过短短二十几年的发展，已成为亚太地区乃至世界范围内新兴大学跨越式发展的典范。2018 年《QS 全球年轻大学排名》位列全球第二，2018 年《QS 亚洲大学排名》位列全亚洲第三，2018 年《QS 全球大学排名》位列全球第 30。另外，化学、材料科学、计算机科学、机械、航空制造工程、电子信息技术、电信工等位列《QS 全球大学分科排名》第一、《金融时报》及 QS 全球 EMBA 课程榜全球第一、2018 年《泰晤士报》高等教育新兴大学排名第一名。另外，港科大为环太平洋联盟成员。[①]

## 一、创校背景

20 世纪 80 年代末 90 年代初港科大创建时期，正值全球知识经济兴起、世界高等教育掀起新一轮国际化浪潮之时。此时，香港已初步确立起亚太地区多功能现代化国际都市的地位。香港特殊的历史背景，使其成为国际化特色鲜明的中西文化交会之地。由于地理位置的特殊性，进入 20 世纪后半叶，香港成为亚洲乃至全球经济的重镇，迫切需要一所与其地域位置相匹配的大学来支持香港经济腾飞。世界高校竞争日益加剧，中华大地人才辈出，却纷纷流向国外一流高校就读、进修或滞留不归，高水平人才外流严重制约了国家的快速发展。

当时，香港历史最悠久的香港大学和香港中文大学是学科众多、教学和科研并重的综合性大学。20 世纪七八十年代建立的香港理工大学和香港城市大学均为培养应用型人才的英式理工学院。因此，为应对未来香港的经济转型与跨越式发展，香港必须有一支世界级的科技队伍，需要为世界级高水平科技大学培育优秀人才。钟士元博士、港督尤德爵士意识到香港急需一所大学推动香港经济社会发展，孕育科技创新，培养企业家和科学家，为香港储备领袖人才。港科大创校者均毕业或供职于世界知名高校，他们回国建立港科大时的家国情怀及其智慧和

---

① 环太平洋大学联盟（Association of Pacific Rim Universities，APRU）成立于 1997 年，是由美国加州理工学院、加州大学伯克利分校、加州大学洛杉矶分校和南加州大学四所大学校长共同发起的环太平洋地区各国顶级研究型大学的联合学术组织，其宗旨是为成员大学建立交流与共同发展的平台。截至 2017 年 10 月，联盟共有 48 所成员大学，其中，美国有 12 个成员院校，即斯坦福大学、加州理工学院、加州大学伯克利分校、加州大学戴维斯分校、加州大学尔湾分校、加州大学洛杉矶分校、加州大学圣地亚哥分校、加州大学圣塔芭芭拉分校、俄勒冈大学、南加州大学、华盛顿大学、夏威夷大学马诺阿分校；澳大利亚有 4 个成员院校，即悉尼大学、澳大利亚国立大学、墨尔本大学、新南威尔士大学；日本有 6 个成员院校，即庆应义塾大学、东京大学、早稻田大学、大阪大学、东北大学、名古屋大学；新加坡有 1 所成员院校，即新加坡国立大学；中国大陆地区有 7 所成员院校，即北京大学、清华大学、复旦大学、南京大学、中国科学技术大学、浙江大学、中国科学院大学；中国港澳台地区共有 5 所成员高校，即香港大学、香港中文大学、香港科技大学、台湾大学、台湾清华大学；加拿大有 1 所成员院校，即不列颠哥伦比亚大学；智利有 1 所成员院校，即智利大学；印度尼西亚有 1 所成员院校，即印度尼西亚大学；韩国有 4 所成员院校，即首尔大学、高丽大学、浦项科技大学、延世大学；马来西亚有 1 所成员院校，即马来西亚大学；墨西哥有 1 所成员院校，即蒙特雷科技大学 ；新西兰有 1 所成员院校，即奥克兰大学；菲律宾有 1 所成员高校，即菲律宾大学；俄罗斯有 1 所成员院校，即远东联邦大学；泰国有 1 所成员大学，即朱拉隆功大学。APRU 对加入联盟院校的学术、研究、国际化、创新性等有严格要求，并声明不再接受新会员。根据环太平洋大学联盟官网及 360 百科整理而成。

远见令人敬佩："回去办的大学，不能办得不如我目前所在的大学。"[①] 筹建时期就将港科大定位为"集中精力专攻高科技和现代企业管理，又能与同类世界级院校一争雌雄的研究型大学"（见表 5-1）。

**表 5-1 香港科技大学历任校长**

| 序号 | 姓名（中英文） | 任职时间 | 学科专业 | 毕业院校 |
|---|---|---|---|---|
| 1 | 吴家玮<br>Chia-Wei Woo | 1991~2001 年 | 物理学 | 乔治城大学<br>圣路易斯华盛顿大学 |
| 2 | 朱经武<br>Paul Ching-wu Chu | 2001~2009 年 | 物理学 | 台湾成功大学<br>福特汉姆大学<br>加州大学圣地亚哥分校 |
| 3 | 陈繁昌<br>Tony F. CHAN | 2009~2018 年 | 计算机科学 | 加州理工学院<br>斯坦福大学 |

20 世纪 70 年代末至 80 年代末的香港经济全面腾飞，为高等教育发展提供了强大的经济基础保障。1989~1990 年政府财政预算中，教育开支为 131 亿港币，比上年度增长 5%，占政府总开支的 16.6%，其中高等教育经费占教育总经费的 20%。[②] 香港政府不断增加科研经费以强化大学的科研，拨款 1.2 亿港币作为 1988~1991 年三年的科研经费，这笔经费约占这三个年度整体拨款的 2%。[③] 1985 年 9 月香港行政局即已达成"香港要增加高校"的共识；1986 年 9 月"第三所大学筹备委员会"成立；1987 年 6 月，香港赛马会为港科大的创建捐出了第一笔资金，达 19 亿港元。1987 年 11 月，吴家玮教授经过全球校长招募被聘为港科大首位校长。1991 年香港科技大学正式开学，面向社会招生。港府经"大学及理工教育资助委员会"建议，于 1991 年 1 月成立研究资助局，统筹香港高校的科学研究，确保对研究项目的长期稳定支持。在此背景和经济实力基础上，政府对港科大的创建和发展提供了资金上的绝对支持，"在中国教育史上，从来没有这么庞大的一笔资金（近 20 亿美元），投用在创建一所大学上"，[④] 这为香港科技大学的创校及发展提供了坚实的资金保障。

---

① 孔宪铎. 我的科大十年［M］. 北京大学出版社，2004：13.
② 吴福光. 香港高等教育发展经验及其对广东的启示［J］. 高教探索，1991（2）.
③ 邬大光. 九十年代香港高等教育的发展与前瞻［J］. 辽宁高等教育研究，1995（4）.
④ 孔宪铎. 我的科大十年［M］. 北京大学出版社，2004：5.

## 二、战略定位

2000 年，香港科技大学校董会将港科大确立为“一所在国际上有深远影响，又致力于为本地区服务的优秀学府”。港科大的世界观确立为：作为世界级学府，在每一个精选的教研领域走在国际前沿；国家观确立为：作为中国最优秀的大学之一，对国家的经济与社会发展做出贡献的定位；地区观确立为：作为香港的主要大学，与政府及工商界通力合作，把本地区发展成为以知识为本的社会。[①]

依据自身的发展定位与实际条件，港科大选择了“小而精”的发展道路。[②]第一是学科数量少，仅设有理、工、商、文 4 个学科。在 1991~2005 年发展规划的基础上，确定 2005~2020 年发展规划，“在五个具有影响力的重点研究领域建立国际领导地位，即纳米科技、生物科学及生物技术、电子学和无线通信及资讯科技、环境及可持续发展、工商管理教育与研究”。第二是学生数量少，到 2017 年 9 月，招收的学生总数为 14807 人，其中本科生 9754 人，研究生 5053 人。第三是教师队伍精干，到 2017 年 6 月，港科大的教学人员（而非教职工）总数为 694 人，其中常任教师 641 人。[③]

港科大自创校之初就明确了国际化办学理念和培养目标，为其日后的快速发展指明了方向。香港政府积极推进高等教育国际化，在办学模式、运作机制、管理方式等方面借鉴国际高等教育经验，与海内外高校广泛交流。港府对高等教育国际化发展的鼎力支持，为港科大国际化战略提供了政策便利。初创者们以国际化标准定位港科大，确立“着眼世界”的国际观，即立足香港、面向世界，以世界大学的主流理念和标准包容善用各国大学优势，建设世界级研究型大学。港科大原校董会主席钟士元博士在开学典礼献词中指出：“我们面临的挑战，是如何完成大学的使命。我们要培养同学们成为优秀的专业人才和关心社会的公民。我们必须从事具有世界水平的研究，去创造新知识。我们还要为社会各个层面提供专业顾问服务，以促进香港的经济和社会发展。”港科大的发展目标是“成为世

---

① 香港科技大学网站.关于香港科技大学使命及理念［EB/OL］. http：//www.ust.hk/gb/about/missionvision.html.

② 崔阳. 如何创建世界一流大学——香港科技大学的探索［J］. 大学教育科学，2007（1）：106.

③ 香港科技大学 2016~2017 年报［EB/OL］. http：//www.ust.hk/gb/about/missionvision.html.

界第一流的学府不独为香港，更为中国、亚太区以至全世界做出贡献”。① 港科大《2005~2020 发展规划》再次明确了这一理念，并提出将世界观、国家观和地区观相结合，明确将大学国际化和民族化紧密结合，在人才培养上既注重学生的国际意识和国际竞争力，又致力于为区域和本地发展服务。多年来，港科大一直将“国际化”作为优先发展领域之一，期望将港科大发展成为真正的“跨文化校园”。

## 三、战略实施与保障

### （一）优化内部治理结构

根据《香港科技大学条例》，校董会、顾问委员会和教务委员会为港科大三个“最高机构”。校董会是学校的最高层的权力机构，把握大方向、宏观政策及全盘性的财务预算和支出，以及校长的招募、选拔和任免等。校董会的职责是既向代表全民的政府负责，又替大学争取政府资源。教务委员会则是最高层的教研机构，决定一切招生、课程与学位，及学术研究的方向和政策。顾问委员会是学校最高层的咨询机构，犹如学校与社会之间的跳板，将社会人士对港科大的意见反馈给学校，并帮助大学争取获得社会的了解、认可和支持。其中属于校董会职权范围的，一定要拿到校董会讨论，大方向、宏观政策和财政支出方面必须得到校董的支持。校董与学术人员建立相互信任关系，属于学术职权范围内的事务，校董会不越权干预。学术人员有足够的自由，自主寻求学术发展。校董会主席钟士元十分尊重“教授治校”的原则和这个原则下的校长负责制，并多次指出：“学术范围内的政策必须由教研人员讨论后决定，不允许校董会干涉。”②

港科大学术部门按照学科领域分为理学院、工学院、商学院和人文社会科学学院，具体情况如表 5-2 所示。

---

① Yuen CHUNG. Dedication on Opening Ceremony of HKUST [EB/OL]. http: //column.bokee.com/87118. Html，2010-05-12.

② 吴家玮. 同创香港科技大学初创时期的故事和人物志 [M]. 清华大学出版社，2007：6.

**表 5–2　香港科技大学 4 大学院情况一览表**

| 序号 | 学院名称 | 系名称 | 学位课程系统 |
|---|---|---|---|
| 1 | 理学院 | 5 个：数学系、物理系、化学系、生物系、生物化学系 | 提供学士、硕士及博士学位课程 |
| 2 | 工学院 | 6 个：化学工程、土木及结构工程、计算机科学、电子信息工程、工业制造工程、机械工程 | 提供学士、硕士及博士学位课程 |
| 3 | 商学院 | 6 个：会计系、经济系、金融学系、管理系、市场系以及信息系统、商务统计与运营管理系 | 提供学士、硕士及博士学位课程 |
| 4 | 人文社会科学学院 | 2 个（学部）：人文学、社会科学 | 不招收本科生，仅提供硕士及博士学位课程 |

人文社会科学学院原定位为"通识教育中心"，由于不招收本科生，教员编制相对较少，分为人文学和社会科学两个综合性学部。[①]

**（二）招募国际化人才**

港科大建校时就明确国际化人才战略，提出要依靠世界一流人才，在全球范围内广揽英才。创校初期，以吴家玮校长为首的港科大人追求世界范围内最优秀的资深学者，组建了一支来自北美和欧亚 35 个国家的顶尖学府的国际化师资队伍。当时，创校校长吴家玮教授为学校选聘的人才做了定位："一流的人，带来的是一流的人。二流的人，带来的是三流的人。三流的人，带来的人上不了流。在科技和企业管理这些进展神速、飞越时空的学术领域里，不赶一流，就上不了流。"[②]

结果是，学校延揽的 40 多名教授全部拥有博士学位，其中 75%的博士学位来自世界一流研究型学府，包括哈佛大学、加州伯克利大学、普林斯顿大学、麻省理工学院、耶鲁大学、斯坦福大学、康奈尔大学、哥伦比亚大学、剑桥大学、牛津大学、多伦多大学、英属哥伦比亚大学、西安大略大学等。

港科大拥有一流的国际化师资，教研人员来自世界 24 个国家，海外教授占 52%，其中 30%来自北美。所有教员均具有博士学位，其中 80%以上来自哈佛大

① 吴家玮. 同创香港科技大学初创时期的故事和人物志［M］. 清华大学出版社，2007：55.
② 吴家玮. 同创香港科技大学初创时期的故事和人物志［M］. 清华大学出版社，2007：29.

学、剑桥大学、麻省理工学院等世界顶级大学。[①]“从开始到现在，由校长到教师，几乎一律都是留学生，我们在校的500多位同事中，有70%是从美国回来的留学生，3%是从澳大利亚回来。我们聘回来的留学生都很专业化，每一个人都有博士学位，同时亦相当年轻化，平均年龄是40多岁。”[②]

港科大的选人、用人机制需要经过严格的学术评审制度，要成为港科大教授，拥有终身教职，必须通过系、院、校三级评审委员会的审查，还要送到7位以上外界评审人手上进行学术鉴定，另外从香港以外招聘人才是港科大的硬性规定。[③]

同时，港科大也提供一流的教学支持服务，设立教学促进中心，积极为教师提供专业发展项目，并予以经费、制度、技术及评估资源的支持，同时培育教学共同体，倡导教学创新。为吸引学术明星，港科大现已设立香港高等研究院，以普林斯顿高等研究院为楷模，延揽国际“星级学者”，并设立60个研究席位以资助年轻学者从事博士后研究，力促亚洲发展成为世界学术及创新中心，建设香港成为国际学术重镇。

### （三）提升学生国际化能力和跨学科能力

港科大积极致力于提高学生的国际化水平，首先，致力非本地生人数及所占比例的逐年上升。在2016~2017年，港科大招收非本地本科生数约占本科新生人数的16%，招收非本地研究生数约占研究生新生人数的59%。[④]港科大与亚洲、欧洲、北美洲、澳洲等地约150所著名学府开展学生交换计划，为学生提供一学期至二学期的交换生学习机会，同时吸引海外交换生来港。由于香港政府已放宽专上院校录取非本地生学额，港科大不断招收非本地生，提倡多元化和国际化目标。对于学生国际化，港科大的目标是继续招收全日制非本地生，在10年之内使本科生中非本地生所占的比例达到20%。

其次，港科大除人文社科学院部分关于中国的课程外，所有课程均以英语讲授，选用北美西欧最新英文教材，与国际接轨。港科大设立语言中心来提供广泛

---

① Philip G. Altbach, Jane Knight. Higher Education's Landscape of Internationalization: Motivationsand Realities [J]. Journal of Higher Education, 2006 (1).

② 孔宪铎. 我的科大十年 [M]. 北京大学出版社，2004：8.

③ 姚先国. 一流大学如何打造 [J]. 中国高等教育，2005 (19)：33.

④ 香港科技大学 2016~2017 年报 [EB/OL]. http：//www.ust.hk/gb/about/missionvision.html.

的语言强化服务，为学生提供英文、中文、日语、韩语等语言课程。

港科大由人文社科学院为全校本科生提供通识教育，通识课程的设置目标为“加强创新和思维能力，扩阔世界视野，提高文化修养”。“为本科生提供普及教育，把科学、技术及商业的发展与人文背景及社会环境相结合，以期盼培养学生分析及批判的能力，并促使他们对自我及世界的认识。”港科大通识课程采用选修和副修的课程形式，涵盖文学、语言、历史及人类学、哲学及宗教、经济及政治发展、社会关系、科学技术和社会、中国研究 8 个领域，并规定选修课程的最低学分。[①]

为学生提供多门跨学科学位课程，如生物工程学、环球物流管理学、材料科学及工程学、计算机科学与物流双主修四年制本科课程等。在发展规划中承诺为学生提供灵活，以单元为本的课程，以方便学生修读跨学科课程，接受跨学科教育。为此，学校计划打破传统学术壁垒，结合各学院优势，创建跨学科学院，实现学科融合。港科大成立了跨学科课程事务处来管理跨学科课程，还新成立跨学科环境学部，目前已提供科技与管理双学位课程、风险管理和商务智能理学学士课程、环境管理与科技理学学士以及环境科学与管理理学硕士、大气/海洋环境科学研究性硕士及博士课程。

**（四）建立国际合作网络，辐射城市发展**

港科大与亚洲、欧洲、美洲、大洋洲、非洲的 36 个国家约 380 个单位结成伙伴关系，是“东亚研究型大学协会”和“环太平洋大学协会”在香港的唯一成员大学，形成了一个全球性合作交流网络。与百余所大学开展学生交换计划，与多所世界顶尖学府结成交流伙伴，互相访问和从事合作研究。2016~2017 年，港科大本科生交换计划中，共有来自全球的 1073 名本科生在港科大学习交换，有 919 名港科大本科生赴世界各地学习交换（占本科生总数 9.4%）。其中，来港交流的本科生中，欧洲本科生 442 人，占 41.1%；北美本科生 416 人，占 38.7%；亚洲本科生 141 人，占 14.1%；中国内地本科生 66 人，占 6.1%；澳大利亚与新西兰本科生 8 人，占 0.7%。赴外学习交换的港科大本科生中，赴欧洲的本科生 429 人，占 46.6%；赴北美洲的本科生 279 人，占 30.3%；赴亚洲的本科生 178

① 徐辉，季诚钧. 大陆、香港、台湾地区高等学校的通识课程比较［J］. 高等教育学刊，2004（2）：5.

人，占 19.3%；赴中国内地的本科生 20 人，占 2.2%；赴澳大利亚与新西兰的本科生 13 人，占 1.4%。[①] 稳定的、来来往往的港科大学生是国际合作网络的重要显现，成为香港高等教育一道亮丽的风景线。

建设多类型研究机构，如港科大欧洲研究所，先后成立法国中心、德国中心等，开展与欧洲的大学、研究机构和公司的合作研究与学术交流，并与欧洲著名大学合办学术会议，欧洲的跨国公司也在港科大校园成立研究机构，积极参与开办联合课程、合作办学和研究，如先后与洛杉矶加州大学开办联合课程、与中国科学院成立联合实验室、与美国西北大学 Kellogg 管理学院联合开办行政人员工商管理课程、与微软亚洲研究院启动联合培养博士生项目、与德国卡尔斯鲁厄理工学院联合成立国际先进制造研究所项目等。不断拓展与内地的联系，目前已与内地近 50 所高校和科研机构开展合作，多个研究项目获国家级“863”及“973”计划和国家自然科学基金委员会资助。内地的科研合作平台主要在大湾区，也同时积极向其他地区辐射，如南沙信息科技园、深港产学研基地和医学中心、深圳研究院、霍英东研究院、港科大商学院北京中心及深圳代表处，以及浙江香港科技大学先进制造研究所等。

香港科技大学把眼光瞄准了整个世界，树立了“重点研究领域”的发展战略，并一直行之有效地以此指引着学校的发展，促使它从广泛的科研领域中，挑选那些能够帮助学校达到国际竞争优势和取得香港领导地位的研究项目。同时，这一战略也明确了学校承担的使命，那就是通过教学和研究以促进学习，追求知识，特别注重科学、技术、工程、管理和商业课程；注重研究生的培养，并为促进香港经济和社会的发展做出贡献。在此基础上，确立了五个重点研究领域，包括纳米科技，生物科学及生物技术，电子学、无线通信及资讯科技，能源及环境的可持续发展，工商管理教育及研究。这五个重点研究领域都是对社会和经济有深远影响的领域，都是在香港发展知识型经济过程中扮演十分重要角色的领域，并且具有国际性、时代性，能够促进学校迅速获得国际竞争优势和迅速确立学校在本地区的领导地位。

香港科技大学始终将国际观与地区观和国家观相结合，不断致力于为本地区

---

① 香港科技大学 2016~2017 年报［EB/OL］. http：//www.ust.hk/gb/about/missionvision.html.

域乃至整个中国经济社会发展服务，实现国际化与本土化的统一，推动香港城市的国际化进程，立足于推动区域社会发展。在区位优势基础上，利用专业知识、教学及科研优势，精选学界伙伴，利用学校高级材料、微电子微机械、环境监护、工商管理的学科优势与北京大学和深圳市合办“深港产学研基地”。在不想自办医学院的情况下，利用生命科学的优势与北京大学及国际伙伴在深圳市政府的资助下合办“深圳北京大学香港科技大学医学中心”。为了更好地促进学校现代企业管理和科技管理专业与国际商业法、企业法、知识产权法的整合来推动知识创新与科学研究，在不想自办法学院的情况下，采取了与海峡两岸和国际伙伴合办法律课程的策略。[①] 增强香港的科研能力和科技水平，为香港经济转型提供高技术人才，推动实施香港由区域金融、商贸中心向区域科技、文化中心转变的重要使命。2003 年，香港政府公布“重整香港经济”的文件，提出要把香港建设成为“亚洲的世界城市”，随后又提出使香港成为“亚太地区创新和科技中心”的目标。港科大也不断地以国际化策略推动自身实现亚太地区一流大学建设的目标，积极回应香港的区域社会发展要求。

香港科技大学注重推动香港及周边地区经济和社会发展的应用研究，建立研究与开发部，下设多个机构，以便与社会和工业界密切联系，为大学教员和研究资助人提供沟通平台，提供支持研究的相关服务。旗下的应用技术中心主要开展技术开发工作，促进研究成果的商业化，对港科大研究成果的技术应用进行系统整合、项目管理和后续跟踪。旗下的技术转让中心则帮助建立与工业界的联系和合作，协助科技发展活动，促进专利应用和技术转让。旗下的港科大研发有限公司的主要任务则是评估、保护和管理大学的知识产权，技术的特许使用及产业化。[②] 研发部门通过这些机构与工商业界通力合作，不但促进了研究成果的转化，繁荣了香港地区经济，满足了企业和公众的多层次需求，也为学校带来资金项目。

## 四、结语

20 余年来，香港科技大学凭借其：①追求卓越、坚守诚信、维护学术自由；

① 吴家玮. 同创香港科技大学初创时期的故事和人物志 [M]. 清华大学出版社，2007.

② 许长青. 大学—工业合作管理模式：香港案例 [J]. 高等教育研究，2005 (3).

②放眼全球发展、贡献地方社会；③凡事皆可为的精神；④和谐共融、汇聚多元、彼此尊重；⑤统一科大的5个核心价值，在短期内建成了一流大学，建校之初就必须保持高水平定位，在立足本地的同时，迅速与世界一流大学接轨，建立现代化的内部治理结构、招募国际化一流团队。优化资源配置，有所为有所不为，有重点地培植优势学科，寻求发展特色，通过高水平科学研究和国际化科研合作辐射所在城市的经济与社会发展。创造良好的制度和文化环境，让世界一流师资乐在其中。

## 第二节　浦项科技大学案例研究

浦项科技大学（Pohang University of Science and Technology，POSTECH 以下简称浦科大）成立于1986年，是韩国著名的私立大学。在30余年的时间里，发展势头迅猛，如今已发展成为世界顶尖的研究型理工大学。在由英国《泰晤士报高等教育》（*Times Higher Education*，*THE*）进行的世界大学排行榜中，浦科大凭借其短短12年的办学历程，于2008年首次进入前200强，排名第188位；2009年排名第134位，2010年就位列第28，成为韩国首所在国际权威排行榜中进入前30名的大学；在《泰晤士高等教育》连续7年发布的新兴大学排名中，浦科大2012年至2014年连续3年位于第一，2015年位于第二，2016~2018年，分别位于第五、第四、第八；在QS排行榜中，浦科大2018年《QS全球年轻大学排名》位于第五，2018年《QS亚洲大学排名》位于第12，2018年《QS全球大学排名》位于第83。

### 一、创校背景

浦项科技大学的诞生和韩国坚持扶持本国钢铁产业的国家战略密切相关。20世纪60年代，韩国时任总统朴正熙意在扶持钢铁产业，使其成为整个国家的经济支柱，但是韩国并没有现代化的钢铁工厂，处于无资本、无技术、无经验的

"三无"状态。①当时，整个国家对政府大量投资钢铁行业持怀疑甚至是消极态度，唱衰之声此起彼伏。但以朴正熙总统为首的韩国政府还是力排众议，吸引投资，创建了浦项制铁公司（Pohang Iron and Steel Company，POSCO）。然而，浦项制铁公司的核心技术长期以来非本国独立自主研发，而主要由日本提供。20 世纪 80 年代，日本逐渐停止了对韩国的钢铁技术输出，韩国自主开发钢铁技术、培养熟悉全产业链的技术工人从而实现技术独立，就变得无比迫切。浦项制铁公司的创始人朴泰俊（Tae-Joon Park）意识到韩国对高科技人才的需求，也需要进一步确保韩国在高技术领域的地位，首先成立了公司内部的工业科学与技术研究所。随后，浦项科技大学借鉴加州理工学院模式于 1986 年 12 月 3 日正式成立。朴泰俊在学校成立仪式上谈道："我想重申的是，浦项科技大学不仅要像传统的大学一样，培养拥有清醒的民族观与创造性智慧、为人类未来社会做出伟大贡献的领导人，而且也要成为为国家科技进步开辟道路的顶尖大学。随着工业的进步和全球的竞争，目前，我们的首要任务是保证技术的先进性。为了进一步发展先进技术，并在 20 世纪 90 年代成为该领域的龙头企业，浦项制铁公司迫切需要世界一流的人才和一流的科研能力。为此，浦项制铁公司将继续加大对研究和开发的投资。我们建立这所研究型大学的原因是我们相信行业和工业研究机构与大学间的密切联系将使我们的梦想得以实现。"②创校伊始，浦项制铁公司总裁朴泰俊就用"资源有限、创意无限"的企业家精神塑造浦科大的创业精神（见表 5-3）。

**表 5-3 浦项科技大学历任校长③**

| 序号 | 姓名 | 任职时间 | 学科专业 | 毕业院校 |
|---|---|---|---|---|
| 1 | Hogil Kim | 1985~1994 年 | 物理学 | 首尔大学<br>伯明翰大学 |
| 2 | Sooyoung Chang | 1994~1998 年 | 化学工程 | 首尔大学<br>马里兰大学 |
| 3 | Sung-kee Chung | 1998~2002 年 | 化学 | 延世大学<br>伊利诺伊大学<br>耶鲁大学 |
| 4 | Chan-mo Park | 2003~2007 年 | 化学工程 | 首尔大学<br>马里兰大学 |

① 王俊. 韩国浦项科技大学创新创业教育模式探究［J］. 世界教育信息，2015（11）.

②③ 浦项科技大学官网［EB/OL］. http：//www.postech.ac.kr//eng/.

续表

| 序号 | 姓名 | 任职时间 | 学科专业 | 毕业院校 |
|---|---|---|---|---|
| 5 | Sunggi Baik | 2007~2011 年 | 材料科学 | 首尔大学<br>康奈尔大学 |
| 6 | Yongmin Kim | 2011~2015 年 | 电子与计算机工程 | 首尔大学<br>威斯康星大学麦迪逊分校 |
| 7 | Doh-Yeon Kim | 2015 年至今 | 材料科学与工程 | 首尔大学<br>布莱兹·帕斯卡大学 |

浦科大进入世界一流大学行列离不开韩国政府的强力推动。浦科大建校 10 周年之际，韩国政府公布了《新经济长期发展规划：教育领域的任务》。该规划指出，到 2020 年，韩国要有 1 所大学进入全球前 10 名，3 所大学进入全球前 100 名，5 所大学进入全球前 500 名。1999 年，韩国教育部制定了《建立知识创新型国家：教育发展的 5 年规划》，旨在进一步推进研究型大学和世界一流大学建设。2000 年，韩国启动“面向 21 世纪智力韩国计划”（Brain Korea 21，BK21），旨在重点支持 14 所高校争创世界一流大学①，同时也对 42 所地方高水平大学和 12 所有优势特色学科的大学进行支持。该计划分两期进行，第一期 2000~2005 年投入 1.3 万亿韩元，第二期 2005~2012 年投入 1.8 万亿韩元。在此期间，韩国高校共培养科学技术领域的博士 6639 名，SCI 论文数量从 1998 年世界排名的第 18 位跃升到 2005 年的第 12 位，进入 QS 排行榜中的大学由 2005 年的 4 所上升到 2011 年的 7 所。② 之后又连续实施了 WCU（World Class Universities）计划和 BK21 附加计划，通过这些计划的实施，韩国高等教育的整体实力与国际竞争力得到明显增强，浦科大也是在这样的宏观政策背景下脱颖而出的。

## 二、战略定位

浦项科技大学在办学之初就确立了为韩国科技振兴而服务的伟大使命，在韩

① BK21 重点支持的 14 所大学有：汉城大学（国立）、庆尚大学（国立）、庆北大学（国立）、韩国科技学院（国立）、光州科学技术学院（国立）、浦项科技大学（私立）、延世大学（私立）、高丽大学（私立）、亚洲大学（私立）、成均馆大学（私立）、梨花女子大学（私立）、汉阳大学（私立）、明知大学（私立）、庆熙大学（私立）（王留栓.韩国和亚洲著名理工大学——浦项科技大学[J].高等教育研究学报，2004(2).）

② 朱炎军，夏人青.韩国建设世界一流大学的战略举措——以浦项科技大学为例［J].高等工程教育研究，2017(5).

国技术由依赖模仿向自主创新转型的过程中扮演了重要角色，为韩国“技术跨越”（technology leapfrogging）做出特殊贡献。

浦项科技大学一开始就定位于建立一所研究取向型大学，以发现和解决国家和人类面临的巨大挑战为己任。为了实现这一目标，浦科大确立了“小而精”的发展战略。1987 年 3 月 5 日，浦科大举行首次开学典礼，参加典礼的是招收的第一批 249 名本科生，他们被分布到 9 个理工系学习，属于典型的精英教育。1987 年 11 月，经韩国教育部批准，又招收硕士研究生 91 名和博士研究生 18 名。浦科大一直传承“小而精”战略基因，2018 年全日制在校生仍然为 3046 人，其中留学生占 4%，生师比为 10.4∶1。

2006 年，浦科大在 20 周年校庆之际明确了世界一流研究型大学的具象化目标，即“2020 愿景目标”，即在 2020 年之前成为世界排名前 20 的研究型大学。具体内容包括：人才培养方面是培养具有创新能力、国际视野和领导才能的科学家与工程师；科学研究方面是增强学术与产业的结合，创造经济效益和社会价值。[①] 2010 年，浦科大进入《泰晤士高等教育》全球排名第 28 位。

目前，浦科大的愿景明确为：成为为国家做贡献的创业型大学，培养具有卓越和良好个人品质的富有创造力的全球领导者（Become an entrepreneurship university that contributes to the nation and nurtures creative global leaders with excellence and a sound personal value system）。未来 30 年，浦科大将通过开放和挑战精神或开放+创新（openovation=open+innovation）的精神，肩负起引领韩国高等教育学术与研究领头羊的重任，力争成为贡献韩国的价值创造性大学。为此，浦科大在人才培养、科学研究、教师引育、管理文化上实施了一系列举措。[②]

## 三、战略实施与保障

浦项科技大学战略实施的基本原则是：通过卓越的教育培养全球未来领袖，致力于引领科技领域的研究，通过教育、研究与产学合作服务国家与人类。



---

① 朱炎军，夏人青. 韩国建设世界一流大学的战略举措——以浦项科技大学为例［J］. 高等工程教育研究，2017（5）.

② 浦项科技大学官网［EB/OL］. http：//www.postech.ac.kr//eng/.

## （一）一流的人才成长环境

浦项科技大学的人才培养的总目标为培养引领社会的卓越的全球领袖，具体内涵有：培养熟知全球的领袖人物，创新教育方式与教育环境，发展适应未来的能力。[①]

浦科大构建了精干高效、理工特色的学术组织机构（见表 5–4），为培养一流科学家和工程师提供了优异的教育环境。

**表 5–4　浦项科技大学的部分学术组织机构**[②]

| 专业类型 | 专业名称 | 备注 |
| --- | --- | --- |
| 本科专业（11 个） | 数学、物理、化学、生命科学、材料科学与工程、工业与管理工程、电机工程、计算机科学与工程、化学工程、创意计算机工程、人文与社会科学 | 2010 年本科专业数就是 11 个，2018 年本科专业数仍然为 11 个，“机械工程”撤销，新建的本科专业为“创意计算机工程” 和“人文与社会科学”专业 |
| 研究生专业（21 个） | 数学、物理、化学、生命科学、材料科学与工程、机械工程、工业与管理工程、电机工程、计算机科学与工程、化学工程、创意计算机工程、先进材料科学学部、综合生物科技学部、计算机集成工程学部、先进核工程学部、环境科学与工程学部、生物科学与工程跨学科研究生院、高端管理与技术创新研究生院、信息技术研究生院、金属技术研究生院、工程控制研究生院 | 新增的研究生专业主要有：生物科学与工程跨学科研究生院（2005）、技术创新管理研究生院（2007）、高端管理与技术创新研究生院（2005 年由“技术创新首席总裁项目”更名） |

浦科大第五任校长白圣基（Sunggi Baik）认为：“浦项科技大学不仅在理工方面具有优势，而且在人文和社会科学方面也有非常好的学科和教学计划，我们想创造一个引人入胜的大学，不仅吸引理工类学生，而且也可以吸引全球任何有志于接受高等教育的学生。在全球化时代，一所大学的魅力离不开高质量的教育计划。”[③] 基于扎实的理论基础与不断创新内涵的学术组织与高质量的教育计划，为一流人才培养奠定了制度基础。

浦科大着力营造“以学生为中心”的教育环境，即学生可以养成全球意识与领导力的教育环境。①浦科大制定了一整套招收选拔优秀生源的基本原则与做法，特别注重选拔那些在数学和科学上有潜力、有抱负、有创造力的学生。在重

---

① 浦项科技大学官网［EB/OL］. http：//www.postech.ac.kr//eng/.

② 根据英文版维基百科及浦项科技大学校园网内容整理。

③ 探索全球化时代大学国际化方向［N］. 中国教育报，2010–07–19（5）.

视成绩的同时，浦科大还采取多样化的选拔方式精心选择生源，如学生的中学成绩单、推荐信和学生生活等，即不仅要看学生的学习能力，还要考查学生的成长潜能、潜在能力以及个性品质。浦科大仅招收韩国国内1%最优秀的学生，入学人数极少，每年获得学位的人数也仅为700人左右。因此，入学竞争十分激烈，这种竞争机制保证了生源质量，为浦科大“培养科技精英”奠定了良好的基础。②浦科大2009年启动“高潜力青年发展计划”（High-Potential Youth Development Program），旨在为那些有数学科学抱负但没有条件的学生提供适切的训练。该计划每年利用暑假与寒假定期举办两次，学生住在学校参加由学校教授主持的数学与科学大强度训练，所有费用均由学校承担。③实施综合能力培训项目（Integrated Talent Foster Program without Boundaries among Departments），旨在帮助学生拓展学习领域或学习视野。④重视创新创业教育。除创新创业能力培养课程体系外，还通过以下三个渠道进行：一是以协同创新促进学生创新创业体验，即将学校角色拓展到区域创新体系之中，使学生真实体验实实在在的创新活动；二是以校园文化孕育学生的创新创业意识，创建创业者网络平台ENP（Entrepreneurs Network of POSTECH），成为学生“创新、行动、分享”创业实践的重要平台；三是以平台机制助推学生创新创业活动，如利用浦项制铁公司举办的“思想集市”（Idea Marketplace），将创新商业理念进行展示与宣传。[①] ⑤浦科大实施住宿学院计划，即大一、大二学生住在学生宿舍，使其尽快熟悉大学生活与学术氛围，并实施了跨文化寝室行动，即外国学生与韩国学生各占一半的跨文化寝室，很受学生欢迎。⑥实施“英语通用化校园”计划，把英语定为校园正式语言，培养学生国际交往能力。从2010年起，浦科大除人文社会科学部的本科通识教育采用韩语授课外，建议其他课程均采用英语授课。校长白圣基直白地说，要想跻身于世界前20名的研究型大学，英语通用化是不可避免的。[②] 截至2012年，除人文与预修课程外，本科生课程的81.5%和研究生课程的92.2%均采用全英文授课。⑦实施基于活动的普通教育课程，包括“校园生活和未来的设计”和“新生研讨会”，前者有诸如目标设定和自我管理等主题，需要进入校园生活；后者是



① 王俊. 韩国浦项科技大学创新创业教育模式探究［J］. 世界教育信息，2015（11）.
② 李明忠. 韩国浦项科技大学的办学定位与特色发展［J］. 高等工程教育研究，2012（4）.

通过师生 10 人左右的讨论会激发学生学术兴趣。

浦科大每个学生都有相应的导师来负责其学习生活，较低的师生比也使得师生互动、建立密切融洽的师生关系成为可能。浦科大不但在课堂教学中安排案例研究、小组合作研究的项目，而且还在全校范围内开展“理工界专家培养项目”“指导能力培养项目”等活动，可以保证每个学生申请到自己感兴趣的项目并在实验室工作，作为教师的助手积极参加课题研究。

精干高效的学术组织架构、优质的教育计划以及“以学生为中心”的系列教育环境厚植了一流人才成长的优质土壤。

### （二）浓郁的科学研究氛围

浦项科技大学的研究取向既鼓励基础科学研究，又鼓励满足国家和社会发展的应用型研究，特别鼓励三种类型的合作研究，即交叉学科的合作研究，与企业的合作研究，与世界知名研究机构的合作研究。为了成为举世瞩目的高水平大学，浦项科技大学创建了一批高水平研究机构，持续争取到高水平研究项目，发表了一批高水平科研论文。

浦科大的研究中心分三种类型，即基础研究中心、BK21 附加项目和各类实验室。截至 2018 年 7 月，浦科大共有各类研究中心 186 个，如表 5-5 所示。

**表 5-5　浦项科技大学研究中心**①

| 中心类型 | 数量 | 备注 |
|---|---|---|
| 基础研究中心 | 6 个 | 1. Pohang Light Source（PLS-Ⅱ）<br>2. 4th Generation Light Source（PAL-XFEL）<br>3. Max Planck POSTECH/Korea Research Initiative<br>4. C5 (Creative·Collaborative·Cultivating·Convergence·Center)<br>5. POSTECH Biotechnology Center（PBC）<br>6. National Institute for Nanomaterials Technology（NINT） |
| BK21 附加项目 | 16 个 | 共有两类，即（1）Project Type（12 个）Project for Developing Global Human Resources（3 个）和 Project for Developing Future-Base-Creating Human Resources （9 个）；（2）基础科学研究中心（4 个），含数学、物理、化学、生命科学 4 个领域 |
| 实验室 | 164 个 | |
| 总计 | 186 个 | |

① 浦项科技大学官网［EB/OL］. http：//www.postech.ac.kr//eng/.

这些研究中心中既有韩国科学基金会确定的一流研究中心，有国防部确定的专业化研究中心，也有韩国科学与技术评估与规划研究所指定的国家级创新研究中心，如韩国唯一的同步辐射光源——浦项光源研究中心、韩国最大的生物技术研究中心——浦项生物技术中心、韩国唯一的智能机器人研究中心——浦项智能机器人技术院、世界唯一的钢铁技术研究院等，它们共同把浦科大筑成世界高等教育的学术重镇。①

浦科大确立了 6 大核心研究领域 20 个重大研究项目。6 大核心研究领域为集成、能源、材料、基础科学、计算机、健康，下设的 20 个重大研究项目均要求做具有全球竞争力的世界一流研究。2017~2018 年，浦科大教师在 SCI 核心期刊发表论文人均 6.8 篇，影响因子篇均 4.71，被引率均超过 14.71，成为亚洲高校学术研究品质最好的大学之一。浦科大在新材料、纳米技术、钢铁技术、生物技术等领域均有一批领先世界的研究成果。同时，浦科大特别重视产学合作研究，评价教师的科研工作，不仅要看科研的经费总额、项目数、成果数，还要看其科研项目能否与社会需求有效对接，科研成果能否转变为现实生产力促进社会的发展，能否具有重大的社会效益和经济效益。② 浦科大产学合作的方式也多种多样，如采取的在校园创办企业的共址模式（co-locaton），允许创业学生申请最多长达 8 个学期的创业休学期，允许教学科研人员申请最多长达 6 年的暂时离职期；③ 建立的“浦项融合科技区”（Pohang Fusion Technology Zone）与“全球生物医学仪器设备研发中心”等都是浦科大与浦项市政府、韩国浦项制铁公司、市内 100 多家公司以及 50 多家投资公司联合成立的知识中心与技术创新平台。④

浦项科技大学特别重视学术文化的构建与弘扬。“让我介绍我的研究”（Let me introduce my research!）已经成为其学术文化的主流价值观。这一价值导向所有的浦科大人，包括本科生、研究生、教授、职员与研究员。浦科大人均有机会通过 3 分钟通俗易懂的演讲介绍自己的研究或工作，通过视频展示自己的研究给期望合作的伙伴，通过不少于 2 个研究领域的小组会议讨论相关研究，通过研究理念交流发现研究火花。通过以上这些制度性学术交流机制的建构，浦科大营造

①②④ 李明忠. 韩国浦项科技大学的办学定位与特色发展［J］. 高等工程教育研究，2012（4）.

③ 王俊. 韩国浦项科技大学创新创业教育模式探究［J］. 世界教育信息，2015（11）.

了一种多元学术文化交流与无障碍分享研究理念的浓郁氛围。

**（三）优秀的学科教师队伍**

2017~2018 年，浦项科技大学共有全职教师 437 人（其中 51 个外籍教师），职员 238 人，622 个研究人员（其中 66 个外籍人士），全日制学生 3588 人（其中本科生 1449 人，研究生 2139 人），另外还有 104 个外籍研究生，共有 18112 名校友，本科生与全职教师之比为 3.4：1，足以证明浦科大本科生实施的是精英理工教育。

浦项科技大学最引以为自豪的是拥有一支优异的教职员工队伍。建校之初，浦科大主要大量引进全世界最优秀的韩裔科学家回国工作，以良好的设施、优厚的待遇和宽松的学术环境激励归国科学家快出成果，为学校的发展奠定了坚实的基础。以 7 任校长为例，前 6 任的研究生学位都是在美国名校获得的。经过多年的发展，浦科大招聘教师员工的政策也发生了很大变化，如不看教师的出身与国籍，只看重他们的能力。浦科大高层意识到，要想在短时间内上升为世界一流水平的大学，用重金招聘世界一流的教授是十分有效的举措。如为了实现“2020 远景目标”，浦科大从 2010 年开始，3 年时间里投资 500 亿韩元招聘了 10 名获得诺贝尔奖或菲尔茨奖级别的世界级学者，三年间支付每人 10 亿韩元的劳务费以及 40 亿韩元的生活补助，这在韩国“世界级大学项目”中是花费最多的。[①]

华为集团总裁任正非谈到中国教育现代化问题时曾经提出一个重要观点，即“用最优秀的人去培养更优秀的人”。浦项科技大学“弯道超车”发展轨迹已经很好地佐证了这一点。不仅如此，浦科大延揽的这些优秀教师已经成为助推其一流研究的巨大生产力。如浦科大与德国“马克斯普朗克科学促进学会”（Max Planck Institute）共同设立的韩国材料研究所，已经发展成为新材料领域的世界一流研究园区；如由 ki-Moon Kim 教授领导的 Center for Self-assembly and Complexity、由 Yong-Geun Oh 教授领导的 Center for Geometry and Physics、由 Çharles Surh 教授领导的 Academy of Immunology and Microbiology 以及由 Han-Woong Yeom 教授领导的 Center for Artificial Low Dimensional Electronic Systems，已经分别成为浦科大基础科学研究领域中化学领域、物理学领域、生命科学领域以及数学领域的

① 李明忠. 韩国浦项科技大学的办学定位与特色发展［J］. 高等工程教育研究，2012（4）.

翘楚，产生出一大批享誉世界的高质量研究成果。

### （四）独特的组织管理文化

浦项科技大学高效的组织管理文化在促进组织管理变革的同时，又很好地推进了浦科大人才培养、科学研究功能的最大化实现。除我们前面已经介绍过的系统优质的教育环境和浓郁向上的学科文化外，浦科大还有许多值得称道的组织管理文化。

浦项科技大学建立了名副其实的韩语英语双语校园，规定学校的重要文件和重大事件必须用英韩双语发布，按照浦科大人的理解，便利的英语环境就是一种对外国人友好的环境，也就是一种开放的环境。浦科大建立的外籍人士的综合服务中心提供了周到细致的服务，包括学习、生活乃至签证等服务一应俱全，让外籍师生有宾至如归的感觉。浦科大积极与国外高水平大学建立校际合作伙伴关系，至今已与 29 个国家的 104 所著名大学和机构签订了合作交流协议，与中国建立合作交流关系的高校有 16 所，其中台湾地区 3 所，香港地区 1 所，大陆有包括北京大学、清华大学、复旦大学在内的 12 所著名学府。

“诺贝尔公园”（Nobel Garden）也是催发浦科大人积极向上并吸引世界各地优秀学者向往的地方。1989 年 11 月，浦科大在建校两周年之际，曾邀请首批 10 位诺贝尔奖得主到校访问并在指定地点每人种下了一棵“诺贝尔树”，至今，“诺贝尔树”已经多达 40 余棵，这些由伟大科学家亲手种植的树苗就像一个个学术引擎引领着浦科大人不断追求真理。浦科大还在诺贝尔公园独具匠心地设置了一个“未来的韩国科学家”（Futrue Scientists of Korea）塑像广场，有 4 座雕像是人类科学发展史上伟大的科学家或发明家爱迪生、爱因斯坦、麦克斯韦尔、牛顿，另外一座雕塑台基是为浦科大未来的世界级科学家而建。[①]

## 四、结语

浦项科技大学的成功发展道路证明，要想在短期内建成一流大学，必须在建校之初就确定学校的一流办学定位，并实事求是地选择适切的办学路线，如几十年一贯坚守的“小而精”的办学理念；要认识并切实把人才作为学校的重要资源

① Campus Attractions［EB/OL］. http：//www.postech.ac.kr/campus life/Campus Attractions，2018-07-27.

贯彻在目标实施的各个方面，特别是必须延揽到一流的生源与一流的师资，如浦科大把目标变为政策乃至执行力的各类人才政策；要精心选择与学校办学方向一致的科研领域，根据一流标准开辟多样路径进行学科与应用的前沿研究，如明确核心研究领域并通过不同的发展方式力争做强做优学科的信念与决心；要专业化、持续性营造学者、学科适宜生存与发展的优良学术环境，如精心的、专业化的、温暖的、持续的组织管理文化。

在本次即将结束浦科大案例研究的时刻，“Let me introduce my research!”的声音在耳际一直挥之不去，浦科大人通过 4 个方面让“Let me introduce my research!”持续，实实在在落到实处的管理服务精神更加让我们研究团队为之动容!

## 第三节　南洋理工大学案例研究

南洋理工大学（Nangyang Technological University，Singapore，NTU）成立于 1991 年，是一所工科与商科并重的国立综合性大学。经过 20 多年的发展，南洋理工大学已经发展成为一所世界顶尖大学：2018 年《QS 世界大学排名》位于全世界第 11，《QS 亚洲大学排名》位于亚洲第一[①]。《泰晤士高等教育》新兴大学排名 2014 年、2015 年位于第二，2016 年位于第二，2017 年、2018 年位于第三。[②]

南洋理工大学以工科和商科见长，在纳米材料、生物材料、功能性陶瓷和高分子材料等许多领域的研究享有世界盛名，是 EQUIS 和 AACSB 双认证高校之一。

### 一、创校背景

南洋理工大学前身是 1955 年成立的南洋大学，是由新加坡中华总商会会长及福建会馆主席陈六使先生首倡并捐助的。成立之初的宗旨是解决新加坡华人子

① 南洋理工大学主页［EB/OL］. https：//www.topuniversities.com/universities/nanyang-technological-university-singapore-ntu#wurs.

② World's Best Young University［EB/OL］. http：//www.ntu.edu.sg/Pages/home.aspx.

女上大学的问题[①]。1980 年，南洋大学与新加坡大学合并，成立了新加坡国立大学。1981 年在南洋大学校址上建立了南洋理工学院，主要为新加坡培育工程人才。1991 年南洋理工学院重组，将国立教育学院纳入旗下，发展为南洋理工大学。2006 年，新加坡政府简政放权，南洋理工大学建立自主大学，大胆改革创新，引进国际高端人才，培养跨学科创新领袖人才，在短时间内迅速发展成为国际顶尖大学[②]。

新加坡用 50 多年的时间，从转口贸易的自由港发展成为世界重要的制造业生产与出口基地，并成为国际和区域性的贸易中心、航运中心、金融中心、通信信息中心和旅游会议中心[③]。南洋理工大学建校以来，始终以服务国家为己任，学校的发展紧密围绕新加坡国家发展需求。起初，南洋理工大学仅仅是民间集资所办的海外华人高校——南洋大学，后来根据国家需要尽快蜕变为培养实践工程技术人才的南洋理工学院，进而为适应国家产业转型升级与世界级城市发展需要，培养大量解决实际问题的应用型工科人才和经济管理人才，学校再次经过蜕变成长为工科与商科并重的综合性大学，到现今发展为科研密集型的世界顶尖大学。南洋理工大学的发展大体分为几个阶段：

（1）1959~1980 年，南洋大学时期。这一时期，新加坡面临国家自治、独立初期的艰难困境，提出了工业化为中心、吸引外资和引进技术、发展资本密集型制造业、加速外向型经济结构的转换和升级的经济发展战略。到 20 世纪 70 年代末期，新加坡已经发展成为亚洲新兴工业国，位居“亚洲四小龙”之首。南洋大学为适应新加坡经济发展需求，以培养训练有素的员工为己任，构建国家教育体系，普及大众教育，开发技术教育，实施双语教育政策（英语为第一语文，华语为第二语文）。同时，南洋大学为满足华人社会对高等教育的需求，也加大力度培养符合新加坡需要的华人。

（2）1981~1991 年，南洋理工学院时期。这一时期新加坡经济进入产业升级期，从劳动密集型工业进入高科技工业发展阶段，即实行机械化、自动化、电脑

① 方丰，李慧萍. 新加坡高校人力资源管理特色举措及启示——以南洋理工大学为例［J］. 重庆科技学院学报（社会科学版），2016（10）.

② 邱锡光，林銮珠. 新加坡南洋理工大学国际化办学经验与启示［J］. 中国农业教育，2015（1）.

③ 王勤. 论新加坡现代化发展五十年［J］. 厦门大学学报（哲学社会科学版），2015（4）.

化，向高度精密工业迈进。新加坡及时调整经济发展战略和政策，提出经济发展新方向，加快发展技术密集型的出口工业和国际服务业。南洋大学从新加坡国立大学独立出来，成立南洋理工学院，设立 3 所工程学院，以英语授课，重点培养应用型工程技术专门人才。

（3）1991~2006 年，南洋理工大学政府管理时期。1991 年，南洋理工学院合并国立教育学院，更名为南洋理工大学。这一时期新加坡经济受 1997 年亚洲金融危机的冲击，进入恢复转型期。新加坡调整经济结构和产业结构，瞄准世界新兴产业，产业结构调整升级，引进和发展生命科学和环境保护产业①。南洋理工大学倡导研究与教学并重，全面提升教学质量，实施终身学习计划，鼓励跨学科研究与学习，发展多元化教育，实施国际化办学，建设综合性大学。

（4）2006 年至今，南洋理工大学自主办学时期。2006 年，新加坡政府批准南洋理工大学自主办学，这是南洋理工大学发展历史的新起点，自此南洋理工大学发展进入快车道。这一时期，新加坡着力发展现代服务业，走向以知识经济为基础的新型发展模式②。新加坡政府高度重视研究开发，2010 年新加坡国家经济战略委员会提出了七大经济战略③。2014 年，新加坡政府公布了“智慧国家 2025”的十年计划，推出“2015 年永续新加坡发展蓝图”，成为 2006 年“智能城市 2015 年计划”的升级版④。南洋理工大学全球招聘常务副校长，大力改革校内体制机制，更新教授团队，以价值为导向，以学生为本，强调价值观教育，发展全人教育，推行 2015 策略计划，即可持续发展、新丝绸之路、新创意媒体、保健医疗体制科技、创业创新生态模式，实施南洋理工大学博雅英才工程，致力于构建世界级研究型大学。目前，南洋理工大学推行 2020 策略计划，计划侧重地球的可持续发展、环球亚洲、安全社区、健康社会和未来学习五个方面，大学在工程、商科与教育，以及这些学科与医疗、科学和人文等学科发挥出的协同合

---

① 杨建伟. 新加坡的经济转型与产业升级回顾［J］. 城市观察，2011（1）.

② 张汉东. 新加坡经济转型的启示［J］. 浙江经济，2018（5）.

③ 七大经济战略：提升技能与创新精神、构建环球—亚洲枢纽、建立有活力多元企业生态、加强研发成果商品化、合理利用能源、提高土地效益和打造独特环球都市。

④ 新加坡曾在 2006 年公布“智能城市 2015 年计划”，主要通过提升通信、信息行业的价值，进而提升整个国家的智能水平和公共服务水平；永续新加坡发展蓝图：建设具有“生态智慧”的宜居市镇、推广“零浪费”（Zero–Waste）文化和开拓新绿色经济模式三大愿景。

作将启引新突破[①]。

## 二、战略定位

南洋理工大学对学校发展有清晰的战略定位，并且十几年始终不渝地围绕战略定位，突出特色和优势学科，狠抓教学和科研，目标明确，执行到位，学校不断实现跨域式发展。

2004~2005 年，南洋理工大学的年度报告扉页写明学校发展的愿景：成为全球卓越大学；使命：为新加坡和世界培育领袖和高级知识分子。在 2016~2017 年南洋理工大学的年度报告扉页，其愿景与使命变化为：创新高科技，奠定全球性卓越大学；全方位教育，培养跨学科博雅人才。愿景和使命的表述有所变化，但建设全球卓越大学的目标始终不变。

2010 年，南洋理工大学制定了“NTU 2015”战略计划[②]。该计划提出在 2015 年前将南洋理工大学打造成一所世界著名大学，建立教学和研究的基准，建立南洋理工大学在科学、工程和商科领域的优势，在地球可持续发展、未来医疗、新媒体、新丝绸之路和创新亚洲领域造就卓越五峰。“NTU 2015”战略的实施，使得南洋理工大学的 QS 世界大学排名从 2010 年的第 74 位跃升至 2015 年的第 13 位[③]，也奠定了南洋理工大学目前在世界高校的领先地位。

2014 年，南洋理工大学着手制定“NTU 2020”五年规划，这个计划建立在“NTU 2015”战略计划的坚实基础上，旨在将大学推向卓越研究的更高峰。计划侧重五个主要的研究高峰——地球的可持续发展、环球亚洲、安全社区、健康社会和未来学习。在新的战略定位的指引下，期待南洋理工大学在未来有更好的发展。

## 三、战略实施与保障

南洋理工大学的发展与新加坡国家经济发展休戚相关，南洋理工大学自主办学以来，在领导、资金、人力、文化等方面的战略实施和保障，迸发出强大的推

①② 南洋理工大学中文网站［EB/OL］. http：//www.ntu.edu.sg/chinese/aboutntu/Pages/introduction.aspx.

③ 谭伟红. 新加坡南洋理工大学的竞争优势研究——基于钻石模型的分析［J］. 西南交通大学学报（社会科学版），2016（5）：94.

动力，让南洋理工大学在短短的 20 多年里，在世界大学排名中急速攀升，取得了举世瞩目的成就。

### （一）卓越的校长领导

校长是一所学校的决策者和执行者，其确定的办学方向、素质能力、管理才能与学校的发展密不可分。校长是大学的行政主管，负责大学所有项目的实施、协调、质量以及未来的发展①。自 1981 年成立南洋理工学院以来，南洋理工大学仅有四任校长，前三任校长对南洋理工大学的快速发展均做出了卓越贡献②（见表 5-6）。

**表 5-6　南洋理工大学历任校长**

| 序号 | 姓名（中英文） | 任职时间 | 学科专业 | 毕业院校 |
|---|---|---|---|---|
| 1 | 詹道存 | 1981~2003 年 | 工程 | |
| 2 | 徐冠林 | 2004~2010 年 | | |
| 3 | 安博迪 | 2011~2017 年 | | |
| 4 | 苏布拉·苏雷什 | 2018 年至今 | | 麻省理工学院 |

创校校长詹道存教授在其 22 年的任期内（1981~2003 年），通过扩充院系、加强学校科研职能，成功将南洋理工大学由一所教学型大学转变为研究型大学。

第二任校长徐冠林教授在其任期内（2004~2010 年）努力推动该校体制改革为自主大学、成立大学校董会，制定了一系列改革和发展规划，成功将该校改造成为一所世界知名的研究型高校。

第三人任校长安博迪（Bertil Andersson）教授在其任期内（2011~2017 年）为学校延揽了众多世界知名教授以及年轻的研究精英，大力推动学校的跨学科前沿研究，使南洋理工大学的学术水平跻身于世界前列。

第四任校长苏布拉·苏雷什教授，2018 年 1 月 1 日正式上任，作为第一位出生于亚洲的麻省理工学院工程学院院长，美国最杰出的科学家之一，他在科学技

① 谭伟红. 新加坡南洋理工大学的竞争优势研究——基于钻石模型的分析［J］. 西南交通大学学报（社会科学版），2016（5）：94.

② 江小华，程莹. 研究型大学实现跨越式发展的要素分析——以南洋理工大学为例[J]. 复旦教育论坛，2015（2）：84.

术和创新领域对南洋理工大学带来的改变值得期待。苏布拉·苏雷什教授上任后颁布将南洋理工大学建成智慧校园的计划。苏布拉·苏雷什教授表示：确保 NTU 成为新加坡最大的智能校园，并在新加坡成为智能国家中发挥主导作用。NTU 还将努力为新加坡和全球其他社区提供示范，通过示范先进的技术使解决方案能够以可持续的方式帮助改善日常生活。这不仅仅是技术问题，同样重要的是，我们要关注技术对人类、自然和建筑环境以及当地和全球社会的影响①。

**（二）多渠道的资金投入**

南洋理工大学经费来源有三个渠道；一是政府直接资助；二是研究委员会的资助；三是来自工厂企业、地方政府、慈善基金会、知识财产版权、校园服务、学费以及校友集资等的收入。随着学校规模扩大，政府资助无法满足学校发展需要，南洋理工大学开始重视多渠道经费来源，尤其是第三渠道的经费来源，逐渐构建分担开支的赞助者组合。目前，除政府资助外，南洋理工大学的资金来源主要是学生学费、校友捐赠、与企业合作所得收入②。

南洋理工大学为教职员工提供较丰厚的具有国际竞争力的待遇。教授年薪约为 28 万新加坡元，副教授年薪约为 21 万新加坡元，助理教授年薪约为 13 万新加坡元。南洋理工大学教职人员 65%以上来自新加坡以外的 80 个国家和地区，针对外籍教师，学校会专门给出一笔经费用于家庭医疗、保险和解决小孩上学等问题。南洋理工大学把大学作为一个社区进行建设，强调教职工要过有质量的生活，要让所有教职工和家属在大学这个社区快乐生活③。

**（三）完善的学校治理结构**

根据南洋理工大学年度报告，南洋理工大学形成了较为合理的治理结构。

南洋理工大学董事会是大学治理框架内的最高管理机构。该委员会由教育部长任命的 16 名成员组成。董事会包括著名的商业领袖、学者、校友、企业家及来自公共服务和私营部门的专业人士。每位成员凭借自己的才干、经验、身份和能

① NTU President Subra Suresh Unveils Plans to Make NTU a Smart Campus［EB/OL］. http：//media.ntu.edu.sg/NewsReleases/Pages/newsdetail.aspx？ news=0c964cdb-8ed4-4e2e-adc8-a4d32da17051.

② 燕凌，洪成文. 新加坡南洋理工大学的成功崛起——“创业型大学”战略的实施［J］. 高等教育研究，2007（2）.

③ 谭伟红，肖化. 新加坡南洋理工大学人才战略的实施及其启示［J］. 广西师范学院学报（哲学社会科学版），2016（7）.

力为南洋理工大学做出贡献，并在战略、绩效、资源分配、风险等方面开展判断。

校董会负责确保大学在促进教育和研究目标方面发挥作用，并妥善说明和保护大学的资金和资产。校董会与大学的管理层和利益相关者紧密合作，共同塑造愿景，制定主要方向，制定计划和举措，为大学、新加坡及其他地区带来强大而持久的影响力。董事会还批准年度预算、大学运营储备金的使用和 NTU 的年度审计财务报表。

董事会有 8 个董事会委员会和 1 个咨询委员会来支持。分别是教务委员会，校友和发展委员会，审计和风险委员会，企业委员会，财务委员会，投资委员会，提名委员会，薪酬委员会和校园规划咨询委员会。各委员会根据董事会授权的各自职权范围以及董事会制定的原则运作。必要时，还将吸收在其各自领域具有专门知识的非执行局成员，以加强执行局一些委员会的审议和决策过程。

（1）教务委员会为直接支持大学的学术关注，以及教师和相关事务的管理提供监督和政策指导。

（2）校友和发展委员会监督与大学发展有关的问题以及它与学生、校友和外部社区的关系。

（3）审计和风险委员会负责监督大学的内部控制、财务报告和企业风险管理。

（4）财务委员会负责监督大学的财务管理。

（5）企业委员会为大学关于创新、技术转让和创业的战略方向和政策提供监督和政策指导并直接支持。

（6）投资委员会负责监督大学基金的管理和投资。

（7）提名委员会提名合适人选担任董事会和委员会成员。

（8）薪酬委员会在员工薪酬事宜方面提供监督和政策指导。

（9）校园规划咨询委员会对实施校园总体规划提供监督和建议。

校长是大学的首席执行官以及学术、行政主管。对董事会负责，南洋理工大学所有项目的行为、协调和质量以及未来的发展，有权执行所有必要的行为，以执行董事会的政策和章程。

教务长是由校长任命并经校董会批准的大学的首席学术和预算官，教务长负责大学的学术工作和发展。这包括研究生和本科生的教育、研究、教师的发展、学生生活、外部学术联络和行政支持工作的协调。校长不在时由其替代行使职权。

## （四）高水平人力资源管理体系

2015 年南洋理工大学第三任校长安博迪教授在回答什么支撑了南洋理工大学取得如此成就的问题时，他回答三个原因：People，People and People，从中不难看出，人力资源是南洋理工大学成功的关键。南洋理工大学构建高水平的人力资源管理体系，成为其跨越式发展的动力。

南洋理工大学实施清晰的人力资源战略（Strategy of HR），主要包括实行全球搜寻和招聘人才获取合适的人力资源，提供有竞争力的薪酬结构和水平，维持学校的高速发展；改进员工契约以便留住员工，鼓励员工提有价值的建议和主张，鼓励员工参与创新与合作，通过开放合作的团队建立良好的信任关系；创造和维持一个积极的有活力的员工队伍，为员工确定和开发学习工具，奖赏工作优秀的员工，创造一个舒适和谐的工作环境，帮助员工建立专业的成长道路①。

南洋理工大学开发使用健全的人力资源管理信息化平台。平台管理的重点在合规、外包和信息化（ERP），管理平台包括人员招聘与甄选、绩效管理、人才管理、员工契约、学习与发展、员工关系管理、薪酬薪金管理、生涯管理和人事数据分析等方方面面。所有员工都能利用自己的账号和密码使用这 9 大信息管理模块，解决与人事工作相关的一切事情，功能非常强大、流程非常合理、使用非常方便、管理非常完善。

南洋理工大学人力资源管理采用“公平雇用策略”，给所有员工提供相等的培训和发展机会，将员工奖励建立在能力、绩效、贡献和经历基础之上。南洋理工大学对科学研究人员进行科学的分类管理，采用规范的绩效考核体系。

南洋理工大学根据其承担的人才培养、科学研究、社会服务等任务，将全体教职工分为教师（Faculty）、研究人员（Research Staff）、管理人员（Management Staff）和服务保障人员（Support Staff）。每一类人员的工作任务、工作内容、工作目标等均不相同，但都是学校发展所必需的。学校没有固定各类人员比例，都是按照学校的事业发展决定各类人员的数量和比例，同时设计每类人员的招聘、晋升、考核、工资、奖励内容和程序（见表 5-7）。

---

① 方丰，李慧萍. 新加坡高校人力资源管理特色举措及启示——以南洋理工大学为例［J］. 重庆科技学院学报（社会科学版），2016（10）.

表 5–7　近 5 年南洋理工大学学生和教学科研人员数字

| 人员类别＼年份 | 2013 | 2014 | 2015 | 2016 | 2017 |
|---|---|---|---|---|---|
| 本科生（人） | 23500 | 23500 | 23700 | 24300 | 24300 |
| 研究生（人） | 9000 | 9000 | 9000 | 8900 | 8900 |
| 教学与科研人员（人） | 4000 | 4300 | 4550 | 4955 | 5253 |
| 教学与科研人员的海外国籍数（个） | | 80 | 88 | 85 | 81 |

南洋理工大学在本科生和研究生人数规模基本稳定的情况下，教学与科研人员不断增加。以 2015 年人力资源数据为例，学校教职员工总计 7307 人。专任教师 1660 人，占总人数的 23%，分为教授、副教授、助理教授、高级讲师、讲师。其中，教授占 11%（176 人）、副教授占 35%（579 人）、助理教授占 28%（463 人）、高级讲师、讲师等占 24%（402 人）。研究人员 2887 人，占总人数的 40%。管理人员 1120 人，占总人数的 15%。服务保障人员 1640 人，占总人数的 22%[①]（见图 5–1）。

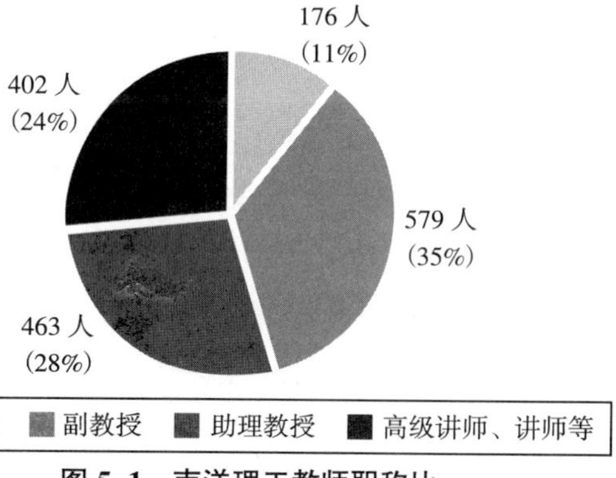


图 5–1　南洋理工教师职称比

南洋理工大学作为研究型大学，研究人员占比 40%，专任教师占比 23%，教学与科研人员来自 80 多个不同国家。同时服务保障人员占比 22%，人数与专任教师占比基本一致（见图 5–2）。

① 方丰，李慧萍. 新加坡高校人力资源管理特色举措及启示——以南洋理工大学为例［J］. 重庆科技学院学报（社会科学版），2016（10）.

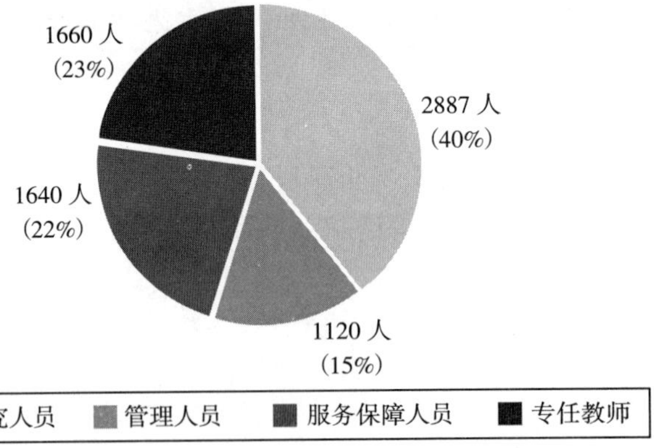


**图 5–2　南洋理工教职工类型情况**

南洋理工大学的绩效考核体系规范、任务明确、类别清晰。关于人才培养、科学研究与社会服务的考核，对于教学与科研并重的教授、副教授、助理教授系列是按照 5∶5∶2 的权重进行考核，对于高级讲师、讲师系列是按 8∶2∶2 的权重进行考核，对于研究人员是按照项目的任务进行考核，对于管理服务人员是按照服务对象的评价进行考核。每类都有详细的 1 级和 2 级指标体系，非常完善[①]。

同时，建立绩效反馈评价系统，对于个别或部分绩效进展缓慢或问题突出的教师，人力资源部门会与其沟通和交流，找出问题所在，及时调整任务和方向，以达到绩效考核目标。

**（五）国际化战略，构建世界级研究型大学**

南洋理工大学构建学生国际化、教师国际化、课程国际化、科研国际化、合作国际化的国际化战略，成长为世界级研究型大学。

南洋理工大学面向全球招生，招收全球优质生源，学生来自不同的国家和地区，本科生国际海外实习比例在 70%左右。学校特别推出了学生出国浸濡计划，主要有国际学生交流计划、全球教育计划、海外实习计划、全球暑期学习计划等，在跨地区跨文化交流中，学生们感受到不同文化的碰撞与冲击[②]。

① 方丰，李慧萍. 新加坡高校人力资源管理特色举措及启示——以南洋理工大学为例［J］. 重庆科技学院学报（社会科学版），2016（10）.

② 卢艳兰，张在喜. 新加坡理工类大学人文素质教育刍议——以南洋理工大学为例［J］. 南昌航空大学学报（社会科学版），2011（12）.

南洋理工大学致力于打造一支高水平、国际化的师资队伍，从全球范围内招聘最优秀的人才。近4年来，教学和科研人员来自海内外80多个国家，包括一批诺贝尔奖获得者、菲尔兹奖获得者和美国科学院院士等世界顶级学者。教师队伍的国际化带来了学科多样性，带来了一流大学的管理经验，引领南洋理工大学稳步迈向世界顶尖研究型大学。

南洋理工大学注重本土培养，通过“总统奖学金”和“公共服务奖学金”等输送本地教师到斯坦福大学、剑桥大学等名牌大学深造，通过经费支持教师与国际科研机构开展学术交流和合作研究等。南洋理工大学整个教师队伍的学缘分布于全球520多所著名大学。国际化的高端队伍、多元文化的交会融合、丰富的教研和管理经验，为南洋理工大学的国际化战略奠定了坚实的基础①。

南洋理工大学推进科研国际化水平，致力于自主研究，在高级材料、生物医学工程、电脑生物、高科技系统、纳米科技与宽频传播等领域的研究达到世界领先水平。南洋理工大学注重跨学科合作研究，如与美国加州理工学院、瑞士苏黎世联邦科技大学、英国伦敦帝国学院、印度孟买理工学院、中国上海交通大学联合组建“全球科技大学联盟”，针对医疗保健、能源安全、粮食和水资源供给、气候变化等全球问题，进行跨学科和跨国界研究合作。与英国劳斯莱斯集团、法国泰勒斯集团等世界知名企业成立联合研究机构，开展科技合作，推动产业的发展。通过全方位、多角度的国际化合作，促使南洋理工大学跻身于世界顶尖大学之列②。

南洋理工大学高度重视与世界名校的交流与合作，与全球300多所大学建立了友好的合作关系。合作伙伴遍布北美地区、欧洲地区、亚洲地区，包括美国康奈尔大学、麻省理工学院、斯坦福大学、加州大学、伦敦帝国学院、卡罗林斯卡学院，德国慕尼黑工业大学，挪威管理学院，中国清华大学、北京大学、上海交通大学、复旦大学、天津大学，日本早稻田大学，印度班加罗尔理工学院、印度马德拉斯理工学院、印度理工学院，韩国科学技术院等，广博的国际关系网和深度合作的国际项目，多国文化教育的高度融合，有效地促进了南洋理工大学国际化办学的跨越式发展（见表5–8）。

---

①② 邱锡光，林銮珠. 新加坡南洋理工大学国际化办学经验与启示［J］. 中国农业教育，2015（1）.

**表 5-8　南洋理工大学国际化战略显性指标**

| 项目＼年份 | 2013 | 2014 | 2015 | 2016 | 2017 |
|---|---|---|---|---|---|
| 学生附加课程（个） | 258 | 258 | 300 | 350 | 350 |
| 提供学生附加课程的合作大学（所） | 37 | 37 | 40 | 45 | 45 |
| 大学的学术和研究机构合作伙伴（个） | 400 | 400 | 466 | 552 | 573 |
| 跨国联合实验室（个） | | 20 | 20 | 27 | 32 |
| 本科生的海外学习机会（%） | 70 | 70 | 70 | 70 | 70 |

### （六）充满人文精神的建筑，文化环境育人

南洋理工大学的校园被誉为世界上最美丽的校园之一，它的建筑不仅具有优美的形式，而且在环境可持续性方面也发挥了很好的作用①。近 5 年来，南洋理工大学“大兴土木”，建造了学习中心、木质体育馆等一批标志性的建筑。校园环境、校园文化等隐形人文素质教育孕育出优秀的南大人（见表 5-9）。

**表 5-9　南洋理工大学校园环境社会影响力及校园建筑情况一览表**

| 种类＼年份 | 2013 | 2014 | 2015 | 2016 | 2017 |
|---|---|---|---|---|---|
| Design Curial 排名 | | | 十佳最佳绿色大学（Design Curial 排名） | 十佳最佳绿色大学（Design Curial 排名） | 十佳最佳绿色大学（Design Curial 排名） |
| Travel+Leisure 杂志 | 世界上最美丽的 15 所大学（Travel +Leisure 杂志） | 世界上最美丽的 15 所大学（Travel +Leisure 杂志） | 世界上最美丽的 15 所大学（Travel +Leisure 杂志） | 世界上最美丽的 15 所大学（Travel +Leisure 杂志） | 世界十大最具前景的大学（QS 排名） |
| 校区 | 3 个新加坡校区 | 3 个新加坡校区 | 3 个新加坡校区 | 3 个新加坡校区 | 3 个新加坡校区 |
| 本科礼堂 | 16 个本科礼堂 | 18 个本科礼堂 | 18 个本科礼堂 | 21 个本科礼堂 | 24 个本科礼堂 |
| 学习中心 | 未来两年将有 14 项新发展，其中包括 2 个大型学习中心 | 未来两年将有 12 项新发展，其中包括 2 个大型学习中心，2 所医学院和 1 所教学大楼 | 2 个新的旅馆正在进行中 | 4 个新大厅正在进行中 | |

① NTU ranks 11th in World Rankings，Highest Position Ever by a Singapore or Asian University［EB/OL］. http：//media.ntu.edu.sg/NewsReleases/Pages/newsdetail.aspx？ news=c860e7a7-170c-4732-a98e-8a1af905cc5e.

续表

| 种类 \ 年份 | 2013 | 2014 | 2015 | 2016 | 2017 |
|---|---|---|---|---|---|
| 研究机构和中心 | 90 个 | | | | |
| 住宅区 | 到 2015 年新增 5000 个宿舍 | 到 2016 年新增 5000 个宿舍 | 到 2016 年新增 5000 个宿舍 | | |
| 教员住房 | | | 100 多个教员住房单位正在进行中 | 100 多个教员住房单位正在进行中 | 758 个 |
| 校友住房 | | | | | 2 个（北部和滨海广场） |

## 四、结语

在新加坡，南洋理工大学目前最强劲的竞争对手是新加坡规模最大、历史最悠久的公立学校——新加坡国立大学。2019 年《QS 世界大学排名》新加坡国立大学超越南洋理工大学位居第 11。两所大学优势互补，竞争发展，为新加坡和全球的科学技术与经济发展做出巨大贡献。

南洋理工大学从一所教学型大学，转变为研究型大学，进而升级为世界级研究型大学，现今发展为世界顶尖研究型大学，精准学校发展定位，构建国际化发展战略，在人力资源、财力资源、学术资源方面创新自主办学，承接了新加坡经济灵活多变的特性，树立了年轻大学成长发展蜕变的典范。

# 第四节　悉尼科技大学案例研究

悉尼科技大学位于澳大利亚新南威尔士州的首府悉尼市中心，学校前身是成立于 1964 年的新南威尔士理工学院。20 世纪 80 年代，澳大利亚高等教育掀起了一系列的改革，通过取消高等教育的双重体制，加大高等教育的结构重组，一批新大学随之出现。在此背景下，1988 年，新南威尔士理工学院与悉尼艺术学院的设计学院合并成立悉尼科技大学。1990 年，悉尼技术与成人教师教育研究所和高等教育学院并入悉尼科技大学。成立 30 年以来，悉尼科技大学的发展速度是非常快的，在 2019 年的 QS 年轻大学排行榜中，悉尼科技大学是澳大利亚排名最前的大学，并进入世界大学排行榜前 200 名，在《泰晤士高等教育（增刊）》的 2018~2019 年年轻大学排行榜中，该校位于 16 名，同年的泰晤士世界大学国际化排行榜中，该校位于第 17 名。

## 一、创校背景

第二次世界大战后，大量的军人退伍并成为社会经济新增的劳动力，结合澳大利亚农牧业发达、矿产资源丰富，培养退伍军人学习职业技能，投身农牧业、采矿业等技术领域的工作成为澳大利亚教育领域迫切需要应对的问题。在此背景下，澳大利亚职业技术教育获得了快速发展。为了进一步规范和扶持职业技术教育的发展，1961 年澳大利亚出台了《马丁报告》，设计了澳大利亚的双轨制和职业技术教育发展的蓝图。受此影响，20 世纪 60 年代，澳大利亚新建了大批职业技术学院，承担职业教育的任务，新南威尔士理工学院就是在这一时期诞生的。20 世纪 80 年代，全球高等教育掀起了对“市场化”的回应，澳大利亚也不例外，在“学术资本主义”和“企业性大学”的引导下，澳大利亚一方面大力推进高等教育的市场化和国际化改革；另一方面取消双轨制，赋予大学更多的自主权。这一时期，大量的职业技术学院升格为大学，悉尼科技大学就是在这一背景下成立的。

## 二、战略定位

悉尼科技大学在创立之初，就将自己定位为一个应用技术大学，充满了学术资本主义的色彩。在 1989 年的《悉尼科技大学成立法案》中，该校将自己的发展目标定位为“利用学校有限的资源发展研究、教学和学术，并走向卓越”。[①] 为了达成这一目标，悉尼科技大学的基础性职能为“从事知识的传播、发展和应用；提供与高级知识有关的探究、为大学的利益实施开发、为社会提供文化、技术和

① University of Technology Sydney Act1989［EB/OL］. http：//www.gsu.uts.edu.au/legislation/act/part2.html#4.

职业服务等”。悉尼科技大学在发展愿景中也重申了学校的发展方向：成为世界领先的技术大学，将通过结合和展示所有学科领先的 IT 和其他技术来做到这一点；在科学、工程和技术学科中表现强劲；与行业和专业保持高度相关；并将我们的教育和研究与相关的国家和经济优先事项结合起来。

为了不断强调悉尼科技大学的应用研究和社会服务职能，历任校长在不同的场合都作出说明，如现任校长阿提拉·布鲁格斯（Attila Brungs）教授所言：“我们的竞争优势在于我们的学习环境和我们课程的相关性，我们培养高度可雇用毕业生的声誉，我们的行业参与度以及我们的全球连接性，这体现在我们充满活力的新校园中。实现我们的愿景，成为世界领先的大学之一的技术，我们必须建立在我们世界一流的基础设施基础上，通过继续追求卓越和在教学研究和连通性方面的领先地位，发挥我们的竞争优势。”① 而要实现这一目标，注重服务社会和应用创新成为大学关注的重点，为此，布鲁格斯指出：“我们的成功将取决于我们培养正确的文化。我们需要保存我们所熟知的，创业，创新，注重业绩的文化和社区。我们需要保持良好的商业信誉，并继续保持良好的声誉是其他行业领导者的首选合作伙伴。我们希望对世界产生持久的积极影响，我们的价值观指导我们与学生，我们的合作伙伴和更广泛的社区之间的互动。”② 当然，悉尼科技大学的愿景和目标并非仅仅停留在纸面上，同时还依托战略规划进行设计和实施，如在《2009~2018 年战略规划》中，学校提出了四大发展目标：其一是对学生的要求，让学生能够参与创造性和鼓舞人心的学习，使他们能够建立强大的专业身份，关注未来的研究生能力和全球公民意识。其二是对学术方面的要求，提高学科领域研究的规模、质量和影响力。其三是对社会系统联系的要求，利用环境连接学生、员工、校友、行业和社区，为协作学习、创新研究和持久关系创造持续的机会。其四是对教职员工的要求，将 UTS 引入可持续发展的未来；培养员工、流程和系统的创造力、灵活性和复原力③。

---

① UTS Strategic Plan 2009-2018［EB/OL］. https：//www.uts.edu.au/sites/default/files/strategic_plan_2016.pdf.

②③ 悉尼科技大学网站.UTS Strategic Plan 2009-2018［EB/OL］. https：//www.uts.edu.au/sites/default/files/strategic_plan_2016.pdf.

## 三、战略实施与举措

### （一）创设多种学科，促进多学科发展

悉尼科技大学为建筑、商业、通信、设计、教育、工程、信息技术、国际研究、法律、助产、护理、药学和科学等传统及新兴学科提供超过 130 个本科和 210 个研究生课程。

悉尼科技大学共有 7 个学院，文化与社会科学学院设置的专业有传播学、教育学、国际问题研究；商学院设置的专业有研究生项目、会计、经济学、金融、管理学、市场营销；设计、建筑设计与建筑学院设置的专业有设计、建造、建筑环境；工程与信息技术学院设置的专业有工程、信息技术；卫生学院设置的专业有健康科学、保健服务管理、助产学、护理学、公共卫生、体育与运动；理学院设置的专业有生命科学、数学与物理科学；卫生研究生学院设置的专业有临床心理学、卫生政策、视觉矫正、药剂学、理疗①。UTS 课程和研究领域包括：跨学科创新、数据科学和分析、商科、传播学、创造性智能与创新、设计、建筑设计与建造、教育学、工程、卫生（面向本科毕业生的硕士学位）、信息技术、国际问题研究、法律、科学。

悉尼科技大学的研究中心涵盖一系列学科，包括物理学，生物学和工程科学以及设计、纳米技术和可持续发展等当代领域。研究人员为具有国家和国际重要性的问题提供实用和相关的解决方案，并为毕业生提供最新的学科特定技能和实践。同时，通过广泛的合作伙伴关系，项目和活动与当地社区、行业、商业和专业保持密切的关系。

### （二）高水平的国际交流

#### 1. 强化国际合作的教育教学

为了加强国际交流与合作，悉尼科技大学提出了国际化战略，主要是概述了大学的国际化目标以及实现这些目标的实际举措。该战略确定了悉尼科技大学的“国际化重点领域”：其一是在世界各地建立网络链接，充分利用亚洲和新兴经济体的机遇，助力国际化。其二是以全新创新的方式在全球拓展其国际研究伙伴关

① 悉尼科技大学网站. Faculties. [EB/OL]. https：//www.uts.edu.au/about/faculties/overview.

系，以提高其研究表现和国际声誉。其三是提高声誉作为一个全球领先的一线学生流动与文化参与。其四是为学生建立自己的全球技能和国际化的学习经验的新机遇。其五是进一步促进国际发展。其六是发展国际学生社区①。

目前，悉尼科技大学与全球43个国家和地区的267所大学建立了科研合作交流协议，让学生可以体验各个国家和学校的不同教育模式及文化。悉尼科技大学与中国的合作也越来越密切。如悉尼科技大学已与东北财经大学跨境教育中心达成本科2+2留学项目合作共识。本科2+2留学项目为高中毕业生（含高二、高三在读）提供财经类专业的出国留学培训课程。该项目招生工作由东北财经大学跨境教育中心负责，学生用2年的时间在东北财经大学学习，2年的时间在国外合作大学学习，符合毕业条件的学生可获得悉尼科技大学的学士学位。

2. 鼓励学生走出去

悉尼科技大学与世界各地的大学和学术界建立了战略合作伙伴关系，以促进知识和资源的共享。悉尼科技大学成为“学生体验国际化”领导者的目标是实现其愿景的一个关键组成部分，领先的技术大学、国际学生流动和文化参与也是悉尼科技大学模式的核心。

作为悉尼科技大学全球交流计划的一部分，学生可以在海外合作大学学习1~2个教学课程，并获得该学习学位的学分。悉尼科技大学与43个国家的大学有超过252个学生交流协议，为学生提供了多种选择，以体验不同的文化和发展全球技能。如“周泽荣博士奖学金项目”为澳大利亚和中国学生提供独特的教育、专业和个人机会，目标是建立澳中关系。这些奖学金针对在UTS就读短期或留学项目的澳大利亚学生，以及在悉尼科技大学就读留学或完成授课课程的中国学生。②

悉尼科技大学还提供高度成功的国际研究课程，让学生有机会将他们的学位与国际研究学士学位相结合。所有国际学生都至少在一个英语不是主要语言的国家的合作院校学习至少一节课。该计划为学生提供了一个独特的机会，让他们沉

① 悉尼科技大学网站. Internationalisation Strategy [EB/OL]. https://www.uts.edu.au/partners-and-community/initiatives/internationalisation/internationalisation-strategy.

② 悉尼科技大学网站. Student Mobility [EB/OL]. https://www.uts.edu.au/partners-and-community/initiatives/internationalisation/student-mobility.

浸在另一个国家的语言和文化中，同时在合作机构学习。

3. 吸引学生走进来

悉尼科技大学的国际化水平非常高，每年有大量的留学生来此求学。如2017年该校有超过14000名海外留学生，占到了学生总数的31.8%，其中在商学院、工程与信息学院求学的海外学生较多，分别占到了总数的34.7%和30.2%（见表5-10）。

**表5-10　2017年悉尼科技大学外国留学生数**

单位：名

| 学院 | 博士 | 硕士 | 本科及以下 | 总数 |
|---|---|---|---|---|
| 艺术和社会科学学院 | 40 | 259 | 347 | 646 |
| 商学院 | 55 | 2401 | 2505 | 4961 |
| 建筑设计学院 | 19 | 291 | 728 | 1038 |
| 工程与信息学院 | 471 | 2266 | 1583 | 4320 |
| 法学院 | 7 | 54 | 7 | 68 |
| 健康学院 | 21 | 132 | 908 | 1061 |
| 科学学院 | 138 | 92 | 265 | 495 |
| 健康研究生院 | 13 | 62 | 0 | 75 |
| 跨学科创新中心 | 0 | 18 | 0 | 18 |
| 其他 | 12 | 0 | 1595 | 1607 |
| 总数 | 776 | 5575 | 7938 | 14289 |

为了吸引大量的学生来悉尼科技大学留学，该校推出了大量的奖学金服务。例如面向海外的本科生奖学金有三项：学业优秀奖学金、发现奖学金、全额奖学金，其中学业优秀奖学金主要是奖励修读本科课程的国际学生，奖金有10000美元；发现奖学金主要是奖励在学术发现领域卓越的学生；全额奖学金主要是奖励国际学生，为其提供在校学费的全额奖励。除了针对全体本科留学生的奖励外，还有针对特殊国家的奖学金，如上文提到的针对中国留学生的奖学金等。

通过大量的奖学金计划吸引外国留学生的同时，悉尼科技大学还提供一系列支持服务帮助学生适应该校和悉尼的生活，其中有很多免费服务。这些支持服务包括：英语语言支持、学习支持、职业发展、医疗与咨询保密服务、体育组织和设施、同辈之间交往交流和互相支持的机会、住宿支持。

当新生来到悉尼科技大学时，学校的住宿服务处可帮助学生在校内宿舍以及悉尼的私营住房中找到住处。为帮助学生适应悉尼科技大学宿舍的生活，悉尼科技大学将对一些在悉尼科技大学宿舍住宿的学生（称为住宿沟通员）进行培训，以确保校内住宿生的安全和身心健康。他们还会组织大量社交活动，帮助新生认识和结交新朋友。在学生毕业后，悉尼科技大学的就业服务处可提供帮助，可以免费参加职业咨询、简历评阅以及就业讲座，还可以充分利用专门为国际学生提供的一些服务。还可以通过学生就业委员会、行业招聘会以及国际校友网络得到帮助——可以获得自己所需要的一切，找到学生适合自己的工作。对于学生的安全学校也考虑得极其周到，虽然地处全球最安全城市之一的中心地带（在“2017年经济学人（Economist）安全城市指数”（Safe Cities Index）中悉尼名列第 7），悉尼科技大学仍然希望所有学生在校园内外都能觉得非常安全。校园内一周 7 天全天 24 小时都有保安巡逻。如果学生觉得夜间不安全，学校还提供通往学生宿舍附近的安全班车服务。

4. 积极推进国际科研合作

除了在教育教学领域的交流与合作外，悉尼科技大学还积极与国外的大学及研究机构开展研究合作，而且合作的范围是广泛的，仅与中国就建立了多达 50 个合作机构。除此之外，悉尼科技大学重点选择了一些重点的合作机构和领域开展合作，并创造了一批具有国际前沿的重要成果。

悉尼科技大学选择的重点合作伙伴有 18 个，分别来自中国、印度、英国、美国等国家，这 18 个战略伙伴之间不仅从事科研的合作研究、科研人员的互访和交流，同时还开展博士的双学位项目。其中在科研人员的互访方面，悉尼科技大学为鼓励合作伙伴的研究人员来访参与科研合作，为每位来访者提供 10000 美元的资助。当然，悉尼科技大学与战略合作伙伴之间最为重要的还是科学研究，从目前的情况来看，这些合作伙伴之间搭建的战略联盟产生了积极的影响和效应。如悉尼科技大学与上海大学在 2016 年建立了一个“智能信息系统研究中心”，主要研究领域包括计算机科学和人工智能、数据分析和机器学习、管理信息系统和电信系统，该中心还承担了双学位博士的培养项目；与华中科技大学合作建立了移动通信联合研究委员会，共同致力于在移动通信和绿色通信技术领域开展研究活动；悉尼科技大学与北京理工大学共同成立了“数据挖掘与服务技术联合研究中心”，主要侧重实时最优控制系统、识别和控制系统设计以及计算机视觉等领域的研究，目前该中心已经在国际顶尖期刊发表了《专利时变数据的两步聚类方法》等数篇论文，在国际上已经形成了一定的影响力（见表 5-11）。

**表 5-11　悉尼科技大学的 18 个核心战略伙伴**

| | |
|---|---|
| 北京理工大学 | 尼赫鲁大学 |
| 华中科技大学 | 印度理工学院 |
| 上海大学 | 莱斯特大学 |
| 南方科技大学 | 邓迪大学 |
| 中山大学 | 埃因霍芬理工大学 |
| 香港科技大学 | 柏林工业大学 |
| 德里大学 | 智利天主教大学 |
| 印度科学院 | 米纳斯吉拉斯联邦大学 |
| 塔塔社会科学研究所 | 亚利桑那大学 |

### （三）紧密的校企合作

作为一所年轻的大学，悉尼科技大学的科学研究紧密对接社会需要，围绕产业关键问题和社会的可持续发展做足了功课。该校将研究的重点聚焦于：健康、数字科学、可持续发展、未来工作和产业、未来社会等领域，而要做强做大这些研究领域，对社会发展起到积极的推动作用，学校紧密与产业界合作，一方面围绕企业产业发展的问题开展具有针对性的研究；另一方面也增加了学校的收入。从该校的资源投入来看，以 2016 年为例，该校仅通过与企业的合作获得的费用为 26075000 美元，加上政府的研究经费投入，悉尼科技大学学术研究的资源供给是非常丰富的。

为了强化与产业界的联系，悉尼科技大学首先在组织建构上实施创新，设立了专门负责产业合作的副校长岗位，同时建立了产业咨询董事会。副校长的任务是最大限度地提升学校教师的绩效、积极寻求与企业的联系并为学校获取资源、保护学校的专利及相关权利等。为了保护教师的知识产权，悉尼科技大学还搭建了一个系统性的知识产权保护体系，这个体系包括知识产权的基本原则、知识产权的相关政策，以及标准化的知识产权处理机制等。其中，学校的知识产权政策包括上到国家法律，下到学校管理条例的近 30 个相关的文件，学校制定的管理条例涉及企业契约、悉尼科技大学商业活动条例等。同时，悉尼科技大学还有一套严格的校企合作研究的标准协议，所有的校企合作研究在开始前需要按照该标准协议对相应的科研活动制定相关合同。

通过一整套规范的知识产权保护和激励机制驱动着悉尼科技大学在应用研究领域的突破与创新，这些研究不仅着眼于人类社会发展的一些现实性问题，同时也产生了巨大的经济效益。例如该校对藻类的研究。藻类在湖泊和海洋中随处可见，这种生物可以用于工业领域的多种方面，其有机利用之处有助于工业产业的可持续发展。为了加强这一领域的研究，悉尼科技大学在2016年成立了深绿色植物技术中心，该中心不仅逐步发现了不同区域和不同种类藻类的产业价值，同时开始从产业制造上实现效益。该中心与一些生物公司合作，使用微藻替代营养食品中的成分，包括维生素、膳食补充剂/纤维和益生菌，同时该校通过研究挖掘藻类的蛋白质，制作成食物原料煎饼添加到饼干、谷物、面包、酱油和沙拉酱等各种食物中。再如该校的Itheree研究所的研究促进了一家制药公司的成立。该公司是缘于Itheree研究所的一种新型抗菌药物而出现，并且受到了澳大利亚医学研究商业基金100万美元的支持。

目前该校在五个领域的研究已经取得了一系列重大的科研和商业成果，在健康领域有扩增实镜式物理疗法、中风复健用双手外架装置、高解析度细菌诊断技术、职能行走辅助器、智能患者移位机等；在数字科学技术领域有机构用个性化推荐系统；在可持续发展领域有自适应磁流变基座隔离器、符合生物吸附剂、生物废水处理增效剂等；在未来工作和工业领域有应变性磁流变隔震装置、检视及情况评估用自主攀爬机器人、运用远程3D成像技术预测牛肥满度和强壮度、交流永磁电机无传感控制器等。

## 第五节　邓迪大学案例研究

英国邓迪大学（University of Dundee）的荣誉毕业生、1995年诺贝尔文学奖获得者——诗人谢默斯·希尼（Seamus Heaney）这样描述邓迪大学：“壮志凌云的思想，脚踏实地的行动。”既有远大的抱负，又有踏实做事的态度，正是这样的精神造就了今天的邓迪大学。

邓迪大学在2016年、2017年连续两年被《泰晤士报》优秀大学指南评为“苏格兰年度最佳大学”，在2017年《泰晤士报》高等教育新兴大学排名榜和QS世界校龄小于50年的新兴大学排名中，邓迪大学在英国排名第一，世界排名第16。邓迪大学荣获2017教学卓越框架（Teaching Excellence Framework，TEF）最高奖项——金奖，并获准在今后三年使用“TEF Gold Award”称号。同时，邓迪大学也是欧洲最具创新能力的大学之一，在2017年英国自然创新指数排行榜中名列榜首①。

## 一、创校背景

邓迪大学根源于邓迪市和圣安德鲁大学组成的学院联盟。19世纪随着人口的增长，邓迪市关于建立高等教育机构的呼声越来越强。一些组织开始促进高校的建设，其中包括一些大学俱乐部。与此同时，圣安德鲁大学和苏格兰其他大学均面临经济困难。而且圣安德鲁大学位置偏僻，比较孤立，规模也小，面临的困难更多，困境更大。因此有人建议把圣安德鲁大学校址迁移到邓迪市去。19世纪70年代初，由于交通改善的原因，邓迪和圣安德鲁之间的旅行时间大大缩短，由此出现了又一个建议：建立一个邓迪大学，仍然维持圣安德鲁大学，让两地各有所长。

1881年，玛丽安·巴克斯特小姐和她的堂兄约翰·博伊德·巴克斯特——来自邓迪市当地有名的巴克斯特家族，共同捐赠了14万英镑在邓迪创建了一所学院——这就是邓迪大学的开始。建立这所新学校的目的在于“促进男女学生的教育发展，研究科学、文学和艺术”。邓迪大学建立的时候是作为一座独立大学建立的，但是其预期是与圣安德鲁大学合并。从一开始，这就是一所杰出的具有创新性的学院。它没有聘请有着象牙塔背景的教授，而是聘请了一帮意识到要在现代世界中竞争的聪明的年轻人。1882年，年仅26岁的拉丁学者威廉·彼得森成为邓迪大学的首任校长。没有学位的帕特里克·格迪斯，是一位植物学教授，同

① 邓迪大学网站［EB/OL］. https：//www.dundee.ac.uk/about/our-rankings/.

时也是世界上最优秀的思想家之一[①]。

1883 年，邓迪大学开始招生时只有五个系，即数学和自然哲学、化学、工程和绘图、英语语言学和文学以及现代历史和哲学。邓迪大学一开始的几年里无权向学生授予学位，学生要想拿到学位，必须参加伦敦大学的考试。

1897 年，邓迪大学学院成为圣安德鲁大学的一部分，1954 年学院更名为女王学院，并获得了更大的自主权和灵活性。在这段时间里它吸收了过去的邓迪商学院。1963 年发表的关于高等教育的《罗宾斯报告》探讨了在全英国扩展大学教育的问题，为它提升到独立大学地位提供了动力。女王学院的位置和规模以及它扩张的愿望最后导致与圣安德鲁大学分离的决定。1967 年 8 月 1 日女王学院成为邓迪大学，邓迪大学凭借皇家宪章正式成立，与圣安德鲁斯的长期合作关系到此结束。

邓迪大学独立后，发展迅速，很快成长为国际有名的教育研究中心。邓迪大学现已发展成为一个包含多种专业共由九大学院[②]（人文学院、约旦斯通邓肯艺术与设计学院、教育和社会研究学院、工程科学学院、社会科学学院、生命科学学院、医学院、牙医学院以及护理和健康科学学院）组成的杰出大学，每个学院都有相关的研究中心或单位，同时也是由来自世界各地的 18000 余名学生和 3000 余名教职员工组成的综合性国际化大学。

## 二、邓迪大学发展的战略举措

邓迪大学经历了一条漫长而颠簸的独立之路，独立之后的邓迪大学发展迅速，日新月异。但是邓迪大学的创校宗旨却自始至终未曾改变，那就是："通过创新、分享、运用知识改变本地乃至全球人的生活。"邓迪大学这一创校宗旨体现在各个方面：领先的教学与研究水平；在社会、经济和文化生活方面，为苏格兰地区乃至全世界做出贡献；通过解决重要的实际问题塑造未来。

2017 年 9 月，《时代》和《星期日泰晤士报》的编辑 Alastair McCall 赞誉道："邓迪大学证明了自身既是一所杰出的教学型大学，又走在研究工作的前沿。"邓

① 邓迪大学网站［EB/OL］. https：//www.dundee.ac.uk/50/stories/history/.

② 邓迪大学网站［EB/OL］. https：//www.dundee.ac.uk/main/schools/Academic schools.

迪大学按照自己的方式自由发展，并采取战略措施一步步成为了像今天这样的杰出大学。

### （一）集中资源发展优势学科的发展战略

邓迪大学创新教育模式，勇于进行教育改革，集中优势资源发展优势学科，期望优势专业的毕业生质量和研究成果能获得全球范围内的认可，在专业领域达到本地区本国乃至全球最高的水平。通过采取小而精的发展战略，新兴大学在发展过程中更加主动积极和灵活，可以集中资源重点发展自己的优势学科。邓迪大学抓住地区发展战略和市场需求，集中力量发展医学和生物化学研究。从 20 世纪 70 年代至今，经过 40 年左右的发展，该校的生物化学研究中心已经发展成为世界顶尖的生物化学研究中心，集中了来自世界上 60 个国家的 900 多名科学家，为邓迪大学的崛起奠定了基础[①]。

目前邓迪大学在许多领域中的研究水平都具有世界一流水平，其中最为突出的学科领域包括：生命科学、医学、艺术与设计、材料科学工程等专业。邓迪大学的法学、医学、牙科学等传统学业以及一些新兴学业如生命科学和艺术也非常有名。2014 年卓越研究框架（Research Excellence Framework，REF）对英国各大学各学科所提交的研究的质量和影响力进行了评判和考量，其结果于 2014 年 12 月发布，并被各研究资助机构在 2015~2016 学年作为参考。其中对于邓迪大学的评判是：邓迪大学生物科学在英国大学中排第一名；STEM 学科（科学、技术、工程和数学）也表现优异，研究质量在苏格兰地区排名第一；2015~2016 学年 QS 世界大学排名显示，邓迪大学的生命科学、药剂学与药理学专业在世界排名前 100。

### （二）推动区域经济发展

邓迪大学坐落于苏格兰地区第四大城市——邓迪市。邓迪市（Dundee，意为“泰河边上的堡垒”），地址位置处于英国苏格兰东部北海沿岸泰河口[②]，是不列颠群岛最富裕和淳朴的地区之一——泰赛德区（Tayside Region）的中心城市。邓迪市是该地区的政治、经济、教育和文化中心。

① 朱炎军，宋彩萍. 世界新兴大学：内涵、动力机制与发展策略［J］. 国家教育行政学院学报，2018（3）.

② 维基百科［EB/OL］. https：//en.wikipedia.org/wiki/Dundee.

学习型城市是一种开放的、创新的、充满活力的城市发展新模式。随着全球化和知识经济的进一步发展，构建学习型城市的呼声日益高涨，国际组织关于构建学习型城市的倡导和宣传大大推进了苏格兰学习型城市的建设。欧洲终身学习计划（2007~2013 年）中有些计划涉及学习型城市的质量，并对学习型城市建设所取的成果进行了测量和展示。其中，苏格兰邓迪、德国柏林、匈牙利佩奇等城市取得了优异的成绩[①]。

学习型城市建设对于邓迪大学的高速卓越发展提供了良好的社会环境，同时大学的发展战略定位对于促进所在地区的经济社会可持续发展，增强城市的综合竞争力方面也有着无可取代的推动作用。

邓迪大学优势学科致力于为本区域乃至整个世界的经济发展服务，对邓迪市的经济转型起到了关键作用，邓迪大学的官方网站上关于泰赛德区写道："我们的目标是建立在生命科学、药物发现和法医科学方面的成就基础上，在泰赛德区创造新的经济活动集群，对该地区产生积极的经济影响。"除了驱动邓迪本地的经济发展外，邓迪大学还将目光转向全球。邓迪大学有明确的使命——"通过创新、分享、运用知识改变本地乃至全球人的生活"，这一使命与泰赛德区的愿景（更强大更理想的地方经济转型）产生共鸣。

为了实现上述使命，邓迪大学注重与区域以及跨区域的机构和企业合作。同时借助邓迪大学的卓越的创新能力，吸引了大量的企业前往这一区域，参与区域内的发展。邓迪大学这几十年的科学发现方面的杰出成就，为泰赛德区生产力的提高、可持续的就业机会以及健康产出的改善做出了巨大的贡献。邓迪大学正以一个合作伙伴的姿态参与进来，致力于服务本土的经济发展和社会声誉的提升。

例如，Tayside 生物医药产业集群是关键利益相关者之间的合作产物，包括邓迪大学、NHS（National Health Service，国家医疗服务体系）Tayside、邓迪安古斯学院、工业（全球和中小企业级）和私营部门投资者。除了在本地和全国范围内创造新的就业机会和经济增长外，该项目还将为世界各国定义、开发和交付提供服务所需的科学技术。邓迪大学的目标是利用生命科学创造财富和可持续的

---

① 王春晓. 苏格兰学习型城市建设中合作伙伴关系略述——以邓迪市为例［J］，当代继续教育，2015（10）.

就业机会，通过新的公司结构、创造就业机会和内部投资来催化 Tayside 生物医药产业集群的创新型增长。泰赛德区是世界领先的生命科学研究者的故乡，他们的研究对人们的生活质量——健康、经济和环境产生重大影响。新药物和技术的研发对全球产生影响的同时，也促成了企业和新的就业机会。邓迪大学通过优化在专业的药物发现方面独特的基础设施，建立了工业和学术界之间的示范性伙伴关系，进一步提升了本土的生物制药和生物技术的增长率和可持续性。

邓迪大学利用新知识带来的经济效益，与初创企业、中小企业和企业合作，以此创建一个新的模型来将众多研究转化为具有全球影响的技术应用。它通过引领医疗技术革新的临床和学术来推动该地区的经济和健康影响。过去几年，前来参加培训的英国以及国际的外科医生和临床医生人数增加了 3 倍。邓迪大学目前在英国进行的法医学研究享有全球声誉。邓迪大学的法医学研究与发展引领这一领域的科技进步，处于改变和适应未来的法医学驱动地位，将这一领导活动带到邓迪市和泰赛德区，与重要的行业参与者进行合作，包括与创新集群的合作，以刺激该地区的投资，创造新的公司及新的产业。

此外，邓迪大学是泰赛德区的主要雇主之一，拥有超过 3000 名员工和来自 140 个国家的 18000 名学生。研究活动对经济的影响已经超过每年 7.4 亿英镑，支持苏格兰地区的 8000 多个工作岗位和邓迪市 1/12 的工作岗位。邓迪大学是世界排名前 200 的大学之一（时代高等教育世界大学排行榜 2018），是世界上最具影响力的药物研究机构（Clarivate Analytics，2017）。邓迪大学在欧洲排名前 25 的最具创新性的大学中排名第一。在为法医学定义一个新的经济集群时，吸引了新的投资和商业进入泰赛德区，为科学与司法之间的接口开发了一个独特的新模式，从而促进投资和毕业生就业。在 10 年内泰赛德区生命科学领域的就业增长率约为 33%。[①]

邓迪大学以全新、富有挑战并且高效的方式处理问题，培养教职人员与学生，在优势学科上为所在地区乃至世界贡献自己的专业意见，使其有能力帮助解决全球问题，并改变人类生活。

① University of Dundee Economic Impact［EB/OL］. https：//www.dundee.ac.uk/tay-cities-deal/impact/.

### （三）提升国际化战略

邓迪大学的师生队伍，目前由来自 145 个国家的 1.8 万名大学生和来自 72 个国家的 3900 余名教职员工组成，其中 25%的学生来自英国以外的国家，堪称一所名副其实的国际化大学。它与全球不同的政府组织、世界级高等院校、科研机构和企业有着广泛的交流和联系，高度重视科研知识的创新、分享和运用，提升学校服务对地区经济社会发展的贡献度，从而为改善所在的城市乃至全世界的生活发挥着重要的推动作用。

成为一所杰出的国际化大学一直是邓迪大学发展的目标。立足当下，着眼未来，围绕国际化发展方向，邓迪大学的五年（2017~2022 年）发展战略提出：

1. 把世界引进邓迪

（1）提高在校学生国际化水平，培养国际化人才。

（2）为学生和教职员工提供优越的国际化校园体验。

（3）培养学生具备全球化环境竞争的实力和技能。

（4）搭建国际高水平科研平台，吸引国际一流科研合作项目。

（5）引进具备全球卓越水平的教学和科研师资。

2. 让邓迪走向世界

（1）将邓迪大学建设成为一所集科研、教学和创新为一体的世界级大学。

（2）拓展远程教育和混合式教学课程的设置。

（3）深化科研团队与世界级科学研究所的合作。

（4）增强全球校友的联系，拓宽世界商务网络。

邓迪大学一直以来着重在教学领域和科研建设上进行国际合作，国际化战略让邓迪大学与世界 15 个国家的近 200 所优质大学和科研机构签署合作协议书，达成卓有成效的校际合作项目，深入发展多边科研合作项目，支持学生学者全球交流互动，其中中国、北美、马来西亚和新加坡为重点受益区域。

邓迪大学目前与我国多所顶尖高等学府建立合作关系，为双方的教师和学生提供更广泛的双边文化与知识的交流互动机会和平台。在近十年与中国的高等教育机构的持续合作中，邓迪大学为来自中国的多所合作院校的数十位教职员工提供了教学和科研的培训和进修。在未来与华合作深入发展的前景下，将会为更多的中国科研人员和教师提供合作交流渠道。

为实现高等教育的国际化战略目标，邓迪大学与中国合作院校长期运行一系列的校际联合培养项目。在合作协议的框架下，中国与之合作的大学的优秀本科生和硕士研究生通过联合培养项目申请前往邓迪大学留学深造，能全面学习世界前沿的科学知识，提升现代化科研能力和水平，拓宽国际视野。与中国合作院校的在校优秀学生可以通过联合培养项目前往邓迪大学交换留学，具体项目包括校际联合本科项目（含“2+2”和“3+1”等模式）；本硕连读项目、硕士直读项目、双硕士培养项目、博士联合培养项目等。依据邓迪大学和中国合作大学的优势学科门类，各中国合作大学对接的联合培养项目专业和模式有所不同，邓迪大学为每个合作项目均设置了丰厚的奖学金机制；参加项目表现突出的学生还有机会通过中国合作大学申请专项的中国国家留学基金管理委员会公派资助项目，获得中国政府奖学金资助。

与此同时，邓迪大学每年积极派出自己的在读学生前往中方合作大学参加不同类型的短期或长期文化交流和课程学习。例如，邓迪大学建筑设计本科学生在 2016 年 6 月前往武汉大学参加建筑学短期交流学习。同年 6 月底，邓迪大学的 20 名在校大学生获得中国国家政府奖学金的资助前往上海进行为期 8 周的学习和交流，此项目由华东理工大学承办，河海大学和北京科技大学协办。在中国政府奖学金资助下，邓迪大学还于 2016 年 9 月派出两名在读本科学生前往华中科技大学进行为期一年的本科学习，另外派出一名研究生前往中南大学攻读博士学位。

邓迪大学是全球国际学生满意度最高的大学之一。它向所有的国际学生提供专业和友好的帮助，并提供一系列有关英国生活和学习的专业建议。针对入学的学生申请，邓迪大学提供分批次的咨询会议，并且对所有入学的国际学生免费提供 10 周的英语语言培训，为国际学生开始课程学习提供了很大的支持和帮助。

邓迪大学的毕业生受到了雇主的高度重视，这不仅是因为他们获得了高水平的学位，而且也是因为大学环境下他们发展的个人技能。据调查，95.9%的毕业生在毕业后 6 个月处于工作中，或是继续学习深造。大学职业服务为所有学生提供帮助和指导，在他们的学位攻读期间以及进一步深造时，持续到毕业之后 5 年。为进一步提高毕业生的就业前景，邓迪大学的所有课程中都嵌入了就业技能。具体措施是为就业技能服务提供了一系列的能力模块，包括：帮助学生获得宝贵的工作经验的实习模块；职业规划模块，它允许学生探索他们的职业选择和开发实用技能的简历写作、表现技巧和面试技巧；以及在线职业规划模块，方便学生按照自己的节奏职业生涯规划。邓迪大学是英国大学中唯一向毕业生授予以6个月实习为核心课程的研究生学位资格的一所大学，通过高质量的强化实习和职业生涯管理学习的集中强化，使毕业生能够更有效地提高他们的就业能力。①

根据2016年英国全国学生调查结果，邓迪大学的学生满意度在英国名列前十，其中“学生发展前景”单项满意度在英国排名第一。在2017年国际学生调查（International Student Barometer，ISB）——学生综合平均满意度指标方面，邓迪大学在苏格兰、英国及全世界分别排名第一，第三和第14。

## 三、结语

邓迪大学独立之后，迅速成长为有名的国际教育研究中心，采取小而精的发展战略，集中资源重点发展优势专业，寻求发展特色，在生命科学、医药学等方面处于世界一流水平，同时将众多技术研究转化为具有全球影响的技术应用，致力于本区域的经济发展，在优势学科上为所在地区乃至世界贡献自己的专业意见。另外，采取国际化战略，通过一系列校际联合培养项目以及高效全方位的学生服务，提升学生体验度和学校的国际化知名度，创造良好的制度和文化环境。

① University of Dundee Employability [EB/OL]. https：//www.dundee.ac.uk/about/employability/.

# 第六章 总结与展望

2018年，世界人工智能大会在上海召开，大会对未来社会发展中人工智能的作用展开了畅想，甚至某些领域已经展开经验介绍。伴随着人工智能浪潮的推进，高等学校开设相关专业、引进相关教学设备、开展相关研究，甚至以此试水创新创业的举措不绝于耳。其实，这只是高等教育受社会变革的一个缩影。传统意义上，大学合法性的基础是学术权利，进一步讲就是大学要洁身自好，以学术为业。然而，随着近代国家的兴起，以及大学资源供给方式的变革等多重要素影响，大学合法性的基础发生转向，兼具学术性和政治性。“今天，在科学社会化与社会科学化的互动中，随着科学的普及化以及科学知识情境化的加深，应用已经成为时代精神的重要特质之一，高等教育的应用性大放光芒。”① 可见，大学的变革成为一种历史常态，其本质在于彰显价值及其履行时代所赋予的社会角色。作为年轻大学，如何在吸收传统大学经验的基础上，实现办学模式和运行方式的超越和变革，是实现跨越式发展的关键。

## 一、新兴大学：社会制度变革的产物

阿特巴赫曾言，“在受到重大政治、经济变革影响的地区，未来几十年将发生高等教育结构重组”②。阿特巴赫这一论断着眼于外部环境对高等教育的影响，

---

① 王建华. 高等教育的应用性［J］. 教育研究，2013（4）.

② 菲利普·G. 阿特巴赫. 21世纪的美国高等教育：社会、政治、经济的挑战［M］. 中国海洋大学出版社，2007：24.

其实遵从于制度学的框架来看，高等教育的变革受到各种政策、价值规范，以及社会文化等要素的影响。

从新兴大学的发展史来看，正是在制度的影响下，催生了年轻大学走向新兴之路，尤其是欧美国家的经验更能佐证这一点。从政策的视角来看，国家在政治等领域的政策直接或间接影响高等教育的办学方式及其发展方向，而在教育领域内的政策则直接决定着大学的合法性及其生存，这一点可参考英国、澳大利亚在第二次世界战后的社会民主政策，尤其是改革高等教育二元制的政策行动，赋予了技术学院颁发学位的权力，使其转型为大学。从价值规范来看，第二次世界大战后的经济发展以及对人才培养、应用研究的需求，尤其是知识生产方式的变革，导致大学的组织模式呈现多元化的方式，除了大学需要坚守的基本价值使命外，凡是能够在社会发展领域彰显积极价值的行为均可以进入大学组织活动的范畴。新兴大学在这一背景下，革新原有组织模式，创新组织活动，在坚守大学核心使命的同时，塑造着一种高效的产出方式，并以此立足。从社会认知—文化的角度来看，社会文化和认知水平对新兴大学的发展同样有着显著的影响。以西欧为例，随着社会公平、民主主义进程的加快，教育公平、自由的理念影响着高等教育机会和权利的平等，并进一步造就了高等教育规模的扩招，为新兴大学的发展奠定了一定的社会基础。

没有整个社会的制度变革，新兴大学就难以获得合法身份，其后续发展也就难以有所突破。因此，回到阿特巴赫的社会、经济对高等教育结构变革的这一论断，其核心要义就是高等教育的结构要实现突破，就需要高等教育系统以外的环境首先变革，当然最为重要的是制度的变革。

## 二、新兴大学：组织模式的新变革

“世界高等教育发展的历史，其实就是高校办学模式逐步多样化的历史，是旧的教育形式不能满足社会需求而不断产生新的教育形式的历史。”[①] 一旦旧的教育形式不能满足社会需求，一般有两种情况出现，一种是被取代；另一种是变革。从前者来看，二元制被一元制取代就是例证，从后者来看，变革无处不在，

① 马陆亭. 大学变迁与组织模式应对［J］. 教育发展研究，2010（9）.

从新兴大学的发展来看，变革基本体现为：

从组织发展上看，需求逻辑成为主导理念。伯顿·克拉克在20世纪创造出了高等教育发展的“三角协调关系”，由“国家—学术—市场”构成的平衡关系影响着高等教育的发展。从大学发展史来看，20世纪后期开始，问责和绩效成为影响高等教育发展的重要话语。与此相伴的是，市场竞争机制的引入，顾客导向成为大学新的追求。与传统大学在三角关系中的选择不同，年轻大学要在竞争中脱颖而出，必须要向市场靠拢。因此，坚持顾客和需求导向成为办学的基本理念，这样才能在竞争中寻得机会，并实现突破。

从组织结构上看，建立创业与学术为一体的组织模式提升组织效率。通过建立跨学科的研究中心和项目，对接区域经济发展和产业发展的需求，尤其是借助优势学科确定社会生活密切关注的重点研究领域。同时，这些研究组织和领域成为学校开展研究的“领头羊”，依托应用研究促进某些重点领域达到世界先进水平。除了这些组织外，新兴大学还增加了包括负责运营创收的各类组织，在学校和市场之间建立起一座衔接桥梁，助推学校创收。在管理上，学校要遵从需求和绩效的主导理念，激发教师的动力以及保护学术自由等，新兴大学实施扁平化的组织管理，保障组织分权。

从组织行为上看，追求多元化的组织创收途径。由于在政府投入等传统的资源配置方式上难以匹敌历史悠久的一流大学，因此寻求市场途径建立多元化的资源获取方式成为新兴大学的基本行为导向。国际化、产学合作、专利转化等成为学校增加收入的重要渠道，而要鼓励和激发教师投身学校的创收行动中去，不仅要建立多种激励和引导措施，更为重要的是建立一种基于市场化战略的院校文化，当然这种战略是错位和分层的，重点凸显特色和差异化。因此，这种追求资源导向的行为又是集中的，要求全校的战略行动聚焦，实现资源的最大化效用。

## 三、我国新兴大学的发展展望

我国高等教育整体年轻，如何助推我国高校赶超欧美传统强校，是摆在我国高等教育面前的重要议题。此外，我国高等教育体系本身也存在着传统与年轻两大群体，20世纪中后期以来，为了满足社会经济发展的需要，高等教育在走向规模化扩展道路的同时，各地、各行业也不断建设了多所新学校。这些新学校为了在不断增强的激烈竞争中获得生存机会，乃至走向卓越，也纷纷寻找突破口。

为了助推高等学校转型发展，2014 年 2 月，李克强总理在国务院常务会议上，明确提出要引导一批普通本科高校向应用技术型高校转型。2015 年 10 月教育部、国家发展改革委员会和财政部联合出台了《关于引导部分地方本科高校向应用型转型的指导意见》，引导地方高等学校改革传统教育模式和办学模式，对接地方发展需求，成为支撑地方经济社会发展的技术技能智力源。在这一政策背景下，各个省份也相继制定了相关文件，驱动高等学校深入融合到区域经济社会发展中，发挥为区域社会服务的职能，积极转型，大胆尝试，积极投身于建设新型高等教育的进程中。在建设应用型大学的转型过程中，也出现了一些有特色的大学，如合肥学院等。

那么，新型大学如何走向新兴的道路呢？这是一个亟待解决的关键问题。对照国际新兴大学的发展经验，我们认为要提升国内新型大学的发展水平，需要做到以下几点：

**（一）政策设计：提供新兴大学发展的制度空间**

从欧美发达国家的经验来看，新兴大学的发展离不开高等教育内外部政策的调整为其创建的制度空间。我国的高等教育整体发展水平尚与欧美传统高等教育强国存在一定的差距，仍然处于追赶阶段。为了进一步提升追赶的步伐，中央和各地也相继出台了一系列政策，如新时代推出的“双一流”建设计划和各地高水平大学建设计划。需要注意的是，在遴选建设对象的过程中，政策往往偏向那些具有发展历史且处于重点建设的高校，这导致国内一些年轻或尚未转型的大学难以共享政策红利，也进一步导致了国内传统强校与年轻大学的资源投入差距，虽然部分省份推出了高等教育分类发展的政策方案，但是年轻大学、民办高校等与传统强校之间在资源投入方面仍然存在很大的差距。这些都进一步阻碍了年轻大学等新大学走上新兴道路。

要解决此类问题，需要从政策上进一步释放空间，精准实施分类发展，为不同类型高校提供政策支持和发展机遇。政府可以通过分类引导、绩效评估与财政拨款相结合的方式，推进高等教育的多元化发展。研究型大学、应用型本科、高职高专设立不同的发展标准，采取不同的建设方式，政府通过制定发展指标，对不同类型的高校构建不同的评价指标。需要指出的是，对于一批年轻的大学，不应该仅仅关注现有发展水平，而应该聚焦对于发展性潜力的评价，即通过新大学的发展特色、战略规划、应用性研究和社会服务的发展走向，判断新大学的持续性发展能力，激发新大学的发展活力。

**（二）高等教育国际化："引进来"与"走出去"**

实施高等教育国际化发展战略已经成为欧美新兴大学发展的一个关键举措，不仅能为新兴大学带来优质的师资力量，同时能不断增强国际声誉。年轻大学要想在短时间内成长为高水平大学，需要大量具有国际视野和研究经验的教师力量，这些师资同时会带来大量的国际科研合作机会，短时间内有助于提升年轻大学的学术水平，以及带来国际先进的教育理念。同时，通过国际化吸引一批国际留学生，对提升教师的教学水平也起到了积极作用。国际化是一个双向的过程，在注重"引进来"的同时，还要积极实施"走出去"的战略，通过开展教育交流与合作，鼓励教师和学生"走出去"，扩大视野，学习国际教育教学和学术研究的先进经验，提升发展水平。

**（三）特色化战略：集中资源做强学科**

学科竞争力是高校发展的核心竞争力，从国际新兴大学的经验来看，集中优势资源打造比较优势是学科发展的基本战略取向。当下，我国"双一流"建设的目标，也是为了打造一批在国际上有影响的优势学科。作为年轻大学，如何借助优势学科走向新兴之路，需要做好战略设计。一般而言，建立学术优势有三条基本原则[①]：一是学术卓越原则，即现有学科已经具备卓越品质，额外投入资源能迅速取得国内外领先地位；二是社会需求原则，通过瞄准国家或地区的重大战略需求，直接造福人类，集中资源重点发展；三是跨学科原则，即如果注入资源能促进跨学科研究，促进学科交叉融合，提升综合实力，则划为优先发展的范围。

对于年轻大学而言，难以言及传统优势，因此对接国家和地区重大战略需求，集中资源打造应用型和跨学科的学科发展战略成为必要的选择。因此，建立专业的研究中心、校企合作研究平台，以及跨校、跨区域的联合研究项目成为不断提升学科发展的主要途径。当然，国家和地区需求只是学科发展的浅层目标，

① 周光礼."双一流"建设中的学术突破——论大学学科、专业、课程一体化建设［J］.教育研究，2016（5）.

要实现学科的可持续、有影响力的发展目标，重点还在于学科研究中坚持关注人类福祉的价值取向，即通过研究破解困扰人类生存和发展的重要问题。如此，才能提升学科发展的高度和深度。

### （四）创新创业：驱动发展的重要引擎

“要促进新型本科院校做‘新’，不受学校新建时间的影响，关键是要以创新精神、创新思维、创新方式、创新路径、创新举措办新型大学。”[①] 综观世界一流大学特质多样，而创新却是走向成功的共性品质。我国的年轻大学在奋起直追的过程中，需要学习创新精神，要义有二，其一是鼓励学术创新；其二是鼓励学生创新创业。从第一点看，要求高校积极融入产业发展中，参与产业转型升级，通过科教融合、协同创新，加强技术积累。同时，各种研究要以解决实际生活问题为导向，广泛开展科技服务和应用型创新活动，提升服务发展的应用研究和技术创新能力，学校也在创新的过程中获取社会资源。从第二点看，要求学校创新人才培养体制，深化创新创业教育，培养学生的创新思维与创新能力。学校要搭建各种创新创业教育的平台与机制，开设创新创业课程，推动专业教育与创业教育的有机结合，为大学生的专业能力提供支撑，通过创新创业教育，培养符合社会需求的创新型、技术性人才，从而提升人才培养的成效和社会契合度。

① 顾永安. 中国新型大学的新特质与新样态［J］. 中国高等教育评论，2018（1）.

# 后　记

“如果冬天来了，春天还会远吗?”雪莱在《西风颂》中的这一问，驱动残冬，骚动春雷。每每感到写作的枯燥，或思路堵塞，总能用这句诗来提示自己，中国高等教育的枯叶和荆棘渐入泥土，春风正洒满大地。

本书研究的启动工作始于2017年12月，从主题确定、框架设计，到最终完稿，整个过程经历了大约一年的时间。整个过程也是不断地否定与肯定交错，失落与痛快并行。一方面，因为新兴大学是一个学术新语，这个词能否站得住脚，经得起研究是需要不断的讨论、论证，甚至是自我说服的。另一方面，新兴大学作为后起之秀，不仅要在传统大学的夹缝中生存，更为重要的是如何破旧立新，实现弯道超车，在这一点上，国外的新兴大学积累了很好的经验，但是于我国而言，需要借鉴但是又遭遇种种障碍，作为研究者难免既兴奋又失落。当然，整个研究能最终成型，还是要感谢国内诸多专业人士的建议、鼓励和帮助，使得拙作顺利出版。

本书难免有跟风的嫌疑，当下双一流大学、应用型大学建设如火如荼，相关研究也是层出不穷，新兴大学是年轻大学中的一流大学，应用型是其实现战略突破和组织跨越的关键要素。因此，研究新兴大学涉及了“一流大学”和“应用型高校”两个时髦主题。但是，我们的研究又是独出机杼的，在规模庞大的地方高等院校面临转型的迷茫和困局的时候，提供一种可行与可学的经验，是迫切的。另外，通过学理研究夯实高等教育理论、通过案例研究厚实院校经验，是必要的。特别需要指出的是，无论是应用型大学、创业型大学、企业大学……其方向都是走向新兴，从这一点来看，新兴是所有年轻大学奋斗的方向。

从本书的分工安排看，宋彩萍、朱炎军负责了整本著作的框架设计和方向矫正，以及全书的组织、指导、修改与部分章节的撰写。上海对外经贸大学高教所的全体同人参与了本书的撰写工作，同时还吸纳部分本校非本部门但对新兴大学研究感兴趣的同行参与。上海师范大学夏人青教授、厦门大学别敦荣教授、黄淮学院张新艳教授等对本书撰写过程提出了许多建设性意见，华中科技大学刘献君教授关于应用型大学的许多研究给予了本书诸多动力，也深深影响了本书的研究思想。本书章节具体撰写如下：第一章、第二章、第三章、第四章的第三节和第四节、第六章由朱炎军完成；第四章的第五节由朱炎军、徐平完成；第五章的第五节由朱炎军、张黎完成；第四章的第一节和第二节由梁宇完成；第五章的第一节由张新培完成；第五章的第二节由宋彩萍完成；第五章的第三节由翟莉完成；第五章的第五节由梁娈完成。

研究暂时告一段落，但是这并不是终点。因为我们只是为新兴大学的研究打开了一扇窗，要欣赏窗外的风景还需要驻足细细品味，或是鼻尖入得花蕾或是拈花触及瞳孔。接下来，我们将继续围绕新兴大学系统深入研究，希望为国内高等教育研究贡献一分力量。

宋彩萍　朱炎军

于学思湖畔

2018 年 10 月 14 日